TABLE DES MATIERES

Introduction..3

Histoire du tatouage...4
Le tatouage à travers le monde....................................6
L'engouement pour le primitivisme............................10
L'art primitif..12

Le monde du tatouage...20
Le tatouage à l'époque contemporaine......................20
Histoire du tatouage japonais....................................29
Le tatouage japonais de nos jours..............................30
Création du tatouage japonais...................................32
Signification..33

Tatouage traditionnel Aïnous....................................38
Le peuple indigène du Japon.....................................38
Tissage et broderies Aïnous......................................40
Le tatouage traditionnel Aïnous................................43
Sourires éternels...46
La condamnation du tatouage à l'ère Edo..................48
Réhabilitation progressive dans le Monde moderne...52
Réalisation..58
Symbolisme...64

*« Le tatouage est un peu
comme une piqûre de bonheur,
c'est pour cela qu'on
en devient dépendant. »*

INTRODUCTION

Le mot tatouage provient du tahitien « tatau » qui signifie « marquer ou dessiner ». La racine du mot « ta » renvoie aux verbes « frapper et inciser ». En effet un tatouage consiste à l'insertion de matériaux de couleur sous la peau en surface afin d'y laisser une marque indélébile visible grâce à la transparence de la première couche de l'épiderme. Il est probable que les premiers tatouages furent créés accidentellement en frottant avec une main salie une plaie, qui une fois guérie laissa une marque permanente. L'histoire du tatouage a commencé il y a plus de 5000 ans et est aussi diverse que les gens qui les portent. Depuis sa création, cette pratique a beaucoup évoluée que se soit au niveau de sa signification ou de sa confection. En effet, la pratique du tatouage varie énormément selon les lieux et les époques. Autrefois effectué avec des os et du noir de fumée, il est aujourd'hui conçu à partir d'encre spécialisée et d'une machine électrique stérilisé. Il est également soumis à des règles d'hygiènes permettant de minimiser les risques infectieux car même si les mesures de précautions se sont multipliées, différentes maladies peuvent tout de même subvenir. De plus depuis quelques années il est possible de se séparer d'un tatouage, chose impensable il y a quelques décennies.

HISTOIRE DU TATOUAGE

Le tatouage est un art qui existe depuis plus de 5000 ans cependant il est difficile de situer le début de cette pratique aussi bien d'un point de vue historique que géographique. Cela est dû au peu d'historiens qui ont étudié l'évolution de cette coutume au fil du temps. Quelques peintures laissent supposer l'existence des tatouages datant de 8000 ans.
La découverte de la momie Ötzi dans les montagnes italo-autrichiennes, âgée de 5300 ans av. J-C confirme les hypothèses concernant l'ancienneté de cette pratique. Les tatouages retrouvés sur Ötzi représentent des lignes et des points situés sur ses articulations et sur les points d'acuponctures. La localisation de ces marques nous fait penser qu'elles eussent un but thérapeuthique.

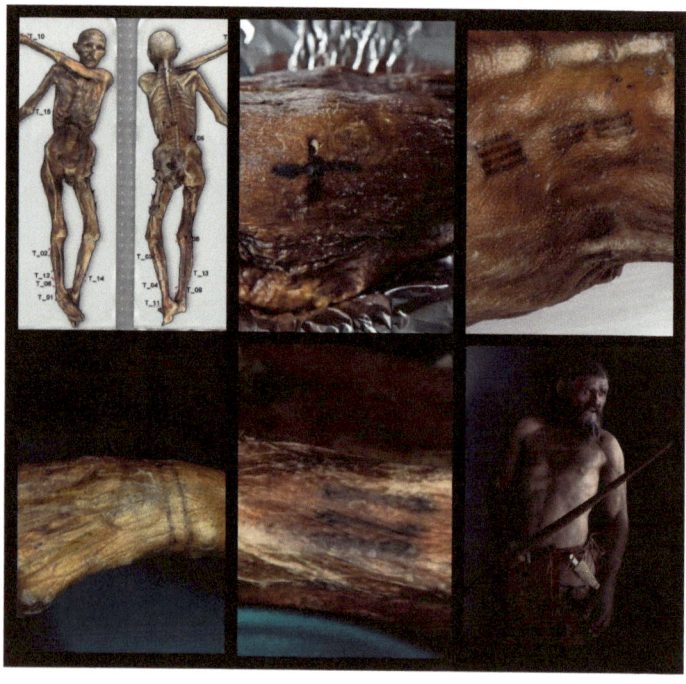

D'autres momies ont été retrouvées, dont une en Egypte datant de plus 2200 ans av. J-C. Elle présentait des marques semblables à celles d'Ötzi, mais cette fois-ci recouvrant tout son corps dans un but décoratif et religieux. D'autres corps relativement bien conservés ont été découverts dans la vallée de Pazyryk (en Sibérie). Leurs tatouages représentaient des animaux, un motif réservé aux personnes de haut rang comme les chefs ou les nobles.

Ces recherches ont démontré que la signification du tatouage varie selon les pays et les peuples. Le plus souvent, cet art a servi à marginaliser ses adeptes d'une certaine façon car il peut représenter un rang social aussi bien qu'une appartenance à un groupe. Mais le tatouage peut également être contraint.
Cette pratique s'est développée simultanément dans de nombreux lieux du globe à travers les siècles. Elle a été utilisée dans de nombreuses civilisations bien avant que tous ces peuples n'entrent en contact les uns avec les autres.

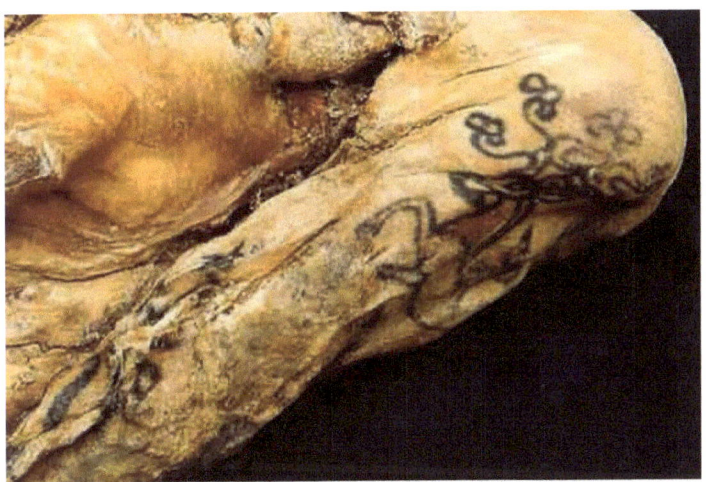

Le tatouage à travers le monde

On a également retrouvé des traces de l'existence du tatouage chez *les peuples Celtes*, *Japonais*, *Égyptiens* et bien-sûr *Polynésiens*. En ces temps reculés, le tatouage était plutôt synonyme d'identité ou de protection. Il était réservé aux personnes importantes comme les chefs de tribu ou les rois. Mais, il a aussi été très rapidement utilisé pour marquer les esclaves comme à Rome où l'on tatouait les criminels et les gladiateurs.

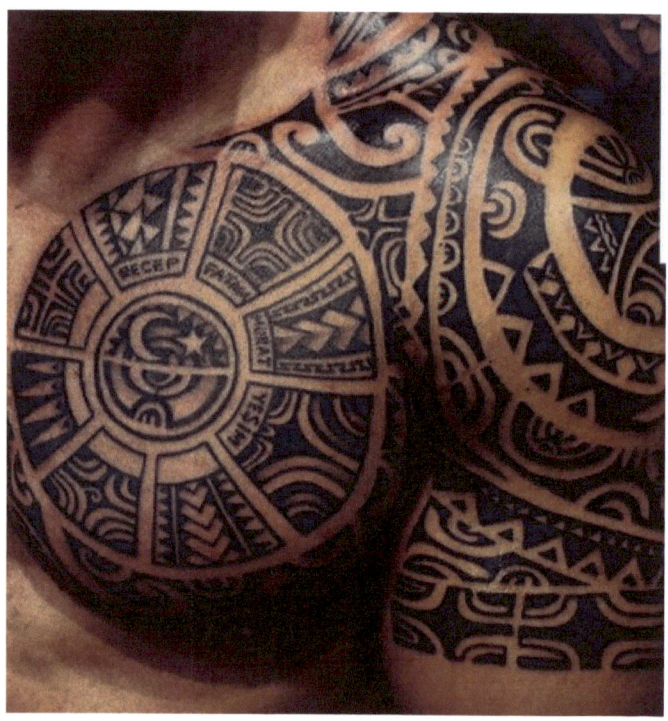

Après avoir presque disparu, le tatouage revient aux alentours du XVIIIe siècle, au moment des grandes découvertes. Les explorateurs et les marins redécouvrent l'ornement polynésien, le *"tatau"* qui a donné son nom à notre tatouage moderne.

Ils vont ensuite s'en emparer et se tatouer durant leurs longues heures de traversées. Chez les marins, le tatouage représente une histoire, une aventure vécue, une personne rencontrée.

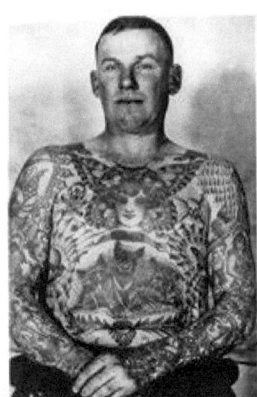 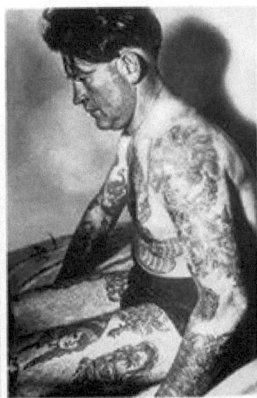 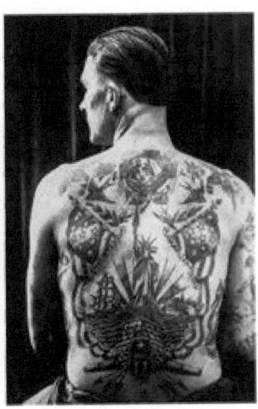

Malgré son image négative dans la société, l'*irezumi* se développe et des Japonais se recouvrent tout le corps de dragons, de personnages et d'autres motifs. En 1872, les tatouages seront finalement interdits par le gouvernement. Ils seront à nouveau autorisés à partir de 1948, lors de l'occupation américaine.
En Europe, une pratique réappropriée par les marins
Le tatouage est interdit en Europe, en 787, par l'Eglise, car jugé comme un symbole païen. Dans l'Ancien Testament (Lévitique 19:28), on peut lire :

« Vous ne ferez point d'incision dans votre chair pour un mort, et vous n'imprimerez point de figures sur vous. Je suis l'Eternel. »

Le tatouage réapparaîtra cependant au XVIIIe siècle, après que des marins européens de retour de Polynésie s'approprient la pratique.

En Russie, un CV criminel sur la peau
En Union soviétique (dès 1922), le tatouage devient central dans les prisons et goulags. Par un système très codifié, les prisonniers se gravent leur parcours criminel sur la peau.

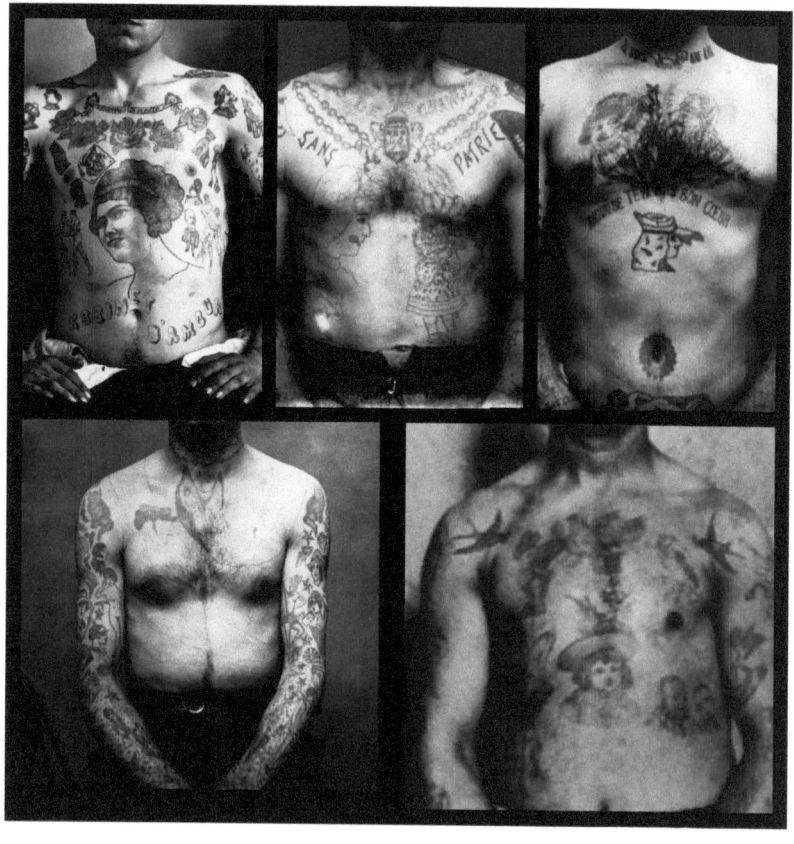

Les motifs et le nombre de tatouages donnent des indices sur la raison de leur séjour derrière les barreaux et instaurent une sorte de hiérarchie en prison. Les autorités soviétiques ayant commencé à déchiffrer certains symboles à partir des années 1960, le tatouage peut aussi trahir celui qui a la peau encrée.

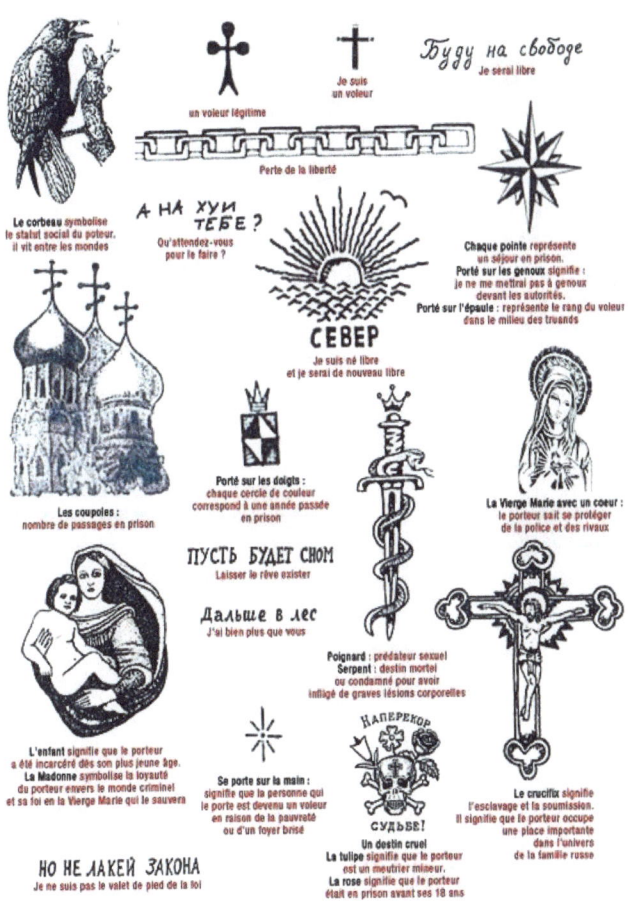

L'engouement pour le primitivisme

Le terme " art primitif " est une description assez vague (et inévitablement ethnocentrique) qui fait référence aux artefacts culturels des peuples "primitifs", c'est-à-dire aux groupes ethniques réputés avoir un niveau de développement technologique relativement bas par rapport aux normes occidentales. Il comprend Art africain (subsaharienne), Art Océanique (Îles du Pacifique), Art aborigène (Australie) ainsi que d'autres types de Art rupestre de la préhistoire et aussi Art tribal des Amériques et de l'Asie du Sud-Est, par exemple. La notion de «peuple primitif» remonte à l' âge de la découverte (à partir de 1500) et est en grande partie (mais pas exclusivement) associée à une vision du monde chrétienne et caucasienne.

Il convient toutefois de noter que le terme "art primitif" n'est généralement pas utilisé pour décrire des œuvres chinoises, indiennes ou islamiques, ni des œuvres de toutes les grandes cultures, y compris les civilisations égyptienne, grecque ou romaine.

Le terme " **primitivisme** ", qui est apparu dans beaux arts à la fin du XIXe siècle, est utilisé pour décrire tout art caractérisé par des images et des motifs associés à cet art primitif. Marqué par des formes ethnographiques, souvent de grande puissance visuelle, ce primitivisme artistique date des années 1890, quand il apparaît dans les peintures tahitiennes de Paul Gauguin (1848-1903), et a rapidement conduit à une tendance parmi les artistes français et allemands de l'avant-garde expressionniste. En effet, plusieurs ont commencé à visiter des collections d'artefacts ethnologiques: en 1902, le sculpteur américano-britannique Jacob Epstein a visité le musée du Trocadéro à Paris, tout comme Derain et Vlaminck en 1904-1905, et Picasso en 1907; en 1903 et 1906, Ernst Ludwig Kirchner visita la collection d'ethnologie à Dresde; En 1907, Kandinsky vit la nouvelle collection d'expositions primitives à Berlin, également visitée par Schmidt-Rottluff, Franz Marc et d'autres.

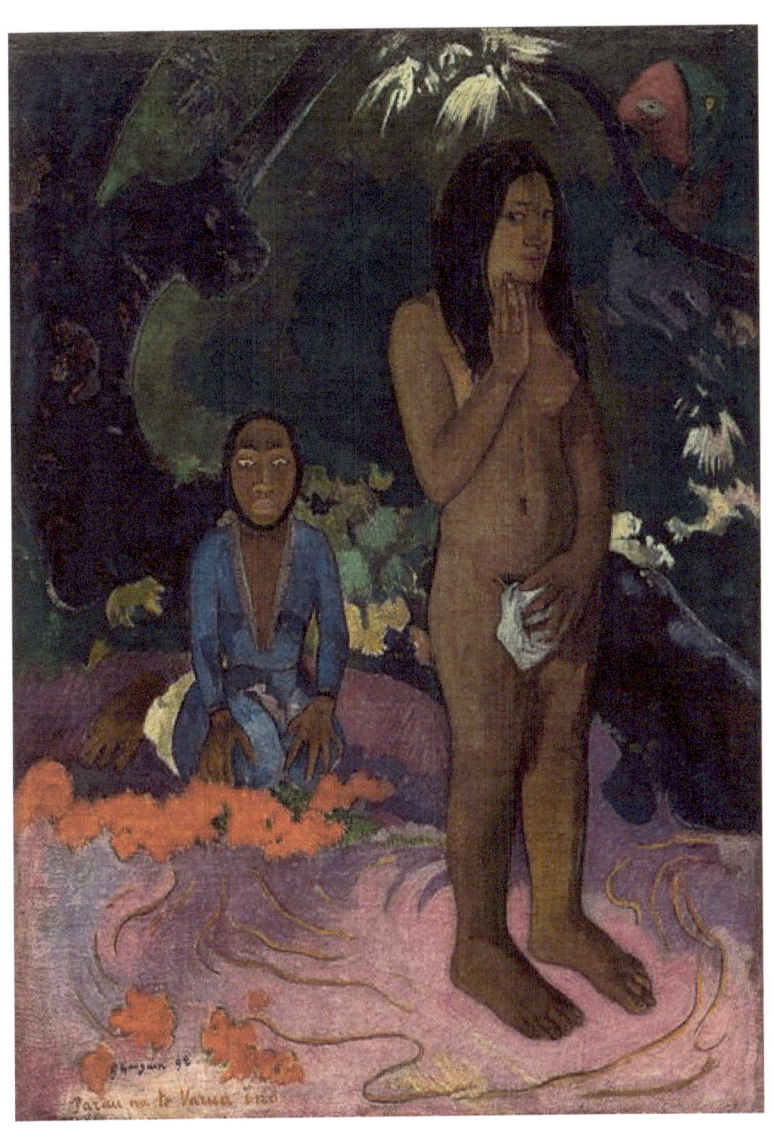

Quelles sont les caractéristiques de l'art primitif?

Des moyens techniques inadéquats ne sont pas nécessairement caractéristiques de "l'art primitif". Au contraire, les matériaux dans lesquels l'artiste primitif travaille – la pierre, l'ivoire, l'os, le bois, le jour et le métal – sont en grande partie identiques à ceux de l'artiste européen. Même en peinture, les pigments de couleur provenant des minéraux, des légumes et même des animaux sont souvent similaires. Les moyens dont dispose l'artiste primitif appartiennent à son niveau culturel et à son environnement. Dans un sanctuaire ou un temple africain, une peinture à l'huile sur toile serait à la fois historiquement fausse et esthétiquement déplaisante. Les méthodes primitives varient considérablement, mais nous trouvons des techniques similaires appliquées dans des domaines totalement différents. La méthode de sculpture sur bois, par exemple, consiste principalement à couper, et non à sculpter. L'outil est une sorte de herminette. Le résultat dans la pièce finie est une surface à facettes montrant les marques non rabotées de l'outil. Cette technique est répandue en Afrique occidentale et australe, en Nouvelle-Guinée et en Amérique du Nord-Ouest. Le but de l'artiste primitif est un travail de qualité. Les conditions dans lesquelles il travaille sont différentes de celles de son collègue "civilisé". Avant de pouvoir commencer un travail artistique, il doit d'abord collecter, fabriquer et préparer ses outils et son matériel, et il doit généralement le faire seul. Prenons, par exemple, le peintre indien d'Amérique du Nord. Parmi les Indiens des Plaines, ce sont les femmes qui sont responsables du type géométrique d'art décoratif. Les hommes se limitent à des peintures représentatives. Dans les deux cas, des plantes ou des minéraux doivent être collectés pour fournir les peintures. Ils doivent ensuite être bouillis ou moulus et mélangés avec la taille ou la graisse pour fixer le pigment. Une peau de buffle doit ensuite être soigneusement préparée et la surface rendue aussi lisse que possible pour la peinture. Même après un processus préparatoire très compliqué, la surface est encore si rugueuse que les contours doivent d'abord être enfoncés dans le sol avant que le dessin proprement dit puisse être effectué, et le dessin doit être répété plusieurs fois pour bien enfoncer le pigment dans la peau. Par conséquent, une image polychrome est en réalité une gravure colorée plutôt qu'un simple dessin. La réparation nécessite un autre processus compliqué, mais cela ne s'applique que dans les conceptions géométriques. Tout ce travail préparatoire nécessite un travail artisanal et est en grande partie mécanique. Ainsi était le travail d'un peintre européen dans les temps anciens. Aujourd'hui, vous pouvez acheter du matériel d'art de tout type. Seuls les sculpteurs sont encore attachés à un travail artisanal considérable.

D'une manière générale, l'artiste primitif est confronté à une tâche technique difficile. Cela ne signifie toutefois pas qu'il n'est pas un véritable artiste qui a sa propre inspiration artistique, parfois même authentique. Il y a de nombreuses années, le professeur Franz Boas de l'Université de Columbia a rencontré un Indien de l'île de Vancouver qui avait été un bon peintre, même si ses œuvres étaient dans le style traditionnel de la côte nord-ouest. Cet Indien était si gravement malade qu'il a été confiné à son lit. Mais pendant sa maladie, il s'asseyait en tenant son pinceau entre ses lèvres, silencieux et apparemment inconscient de son environnement. On pouvait difficilement l'inciter à parler, mais lorsqu'il parlait, il se dilatait dans ses visions de projets qu'il ne pouvait plus exécuter. Sans aucun doute, c'était «l'esprit et l'attitude d'un véritable artiste inspiré». Ce lien intime avec un savoir-faire solide semble être la raison pour laquelle l'artiste primitif a si souvent du succès. L'artiste primitif sait non seulement exactement ce qu'il veut depuis le début, mais continue avec une constance inébranlable jusqu'à ce qu'il soit atteint.

Il a été suggéré que l'absence de perspective et d'autres dispositifs esthétiques fait que même les arts primitifs de haute qualité ont tendance à nous paraître soit grotesques, soit monotones au premier contact avec eux. Cela peut être valable pour certains arts primitifs, mais cela ne peut être accepté par tous. Vu la grande variété de types tout à fait différents; les généralisations sont dangereuses. De même, les déviations violentes par rapport à la réalité ne peuvent pas être considérées comme caractéristiques d'une vision purement primitive, car elles se retrouvent également dans l'art de cultures hautement développées. Ceci est particulièrement vrai du manque de perspective que l'on trouve dans l'art égyptien, byzantin et gothique, mais cela se voit également dans la proportion arbitraire de membres dans les figures peintes par Botticelli ou El Greco. D'autre part, des artistes de brousse sud-africains et paléolithiques ont produit de remarquables tentatives de raccourcissement, de chevauchement de couleurs, de perspective linéaire et d'ombrage des couleurs. En effet, certains artistes primitifs ont atteint le plus haut niveau de représentation réaliste. Les peintures et dessins de Bushman nous interpellent vivement car nous n'avons aucune difficulté à les comprendre.

Ce type d'art graphique rappelle le nôtre. C'est simple et non sophistiqué. Par conséquent, nous trouvons ces œuvres naïves et "primitives" au sens de l'appréciation. Nous n'avons pas à appliquer de vision nouvelle ou inhabituelle, car à la longue l'artiste primitif, comme l'artiste européen, travaille à partir de la vie. Il est vrai qu'une grande partie de l'art primitif a évidemment été travaillée de mémoire et que les dieux, les démons et les créatures fantastiques sont des produits de l'imagination de l'artiste, bien que certains détails puissent être dérivés de formes réelles. Mais d'innombrables œuvres d'art, en particulier des sculptures d'Afrique, des mers du Sud et d'Amérique, sont tellement réalistes et individuelles qu'on peut supposer avec certitude que les artistes travaillaient réellement à partir de la nature. Surtout, les sculpteurs de l'ancien Mexique et du Pérou (qui étaient loin d'être très primitifs) ont dû regarder directement vers la nature et leurs œuvres sont en fait des chefs-d'œuvre du portrait.

En Afrique, les belles têtes d'Ife sont sans aucun doute des portraits de vie, bien que des influences étrangères puissent expliquer ce niveau de sculpture extraordinairement élevé. Mais nous trouvons des portraits de vie parmi des tribus africaines encore plus primitives, en Côte d'Ivoire, dans les parcs du Cameroun et dans le bassin du Congo. Le portrait existe aussi dans la région du Pacifique. Les Maoris de Nouvelle-Zélande ont mis au point ce que l'on peut appeler un portrait «schématique», grâce auquel les schémas de tatouage, moyen d'identification infaillible, permettaient de préserver la mémoire de chaque ancêtre par le biais d'une représentation imagée.

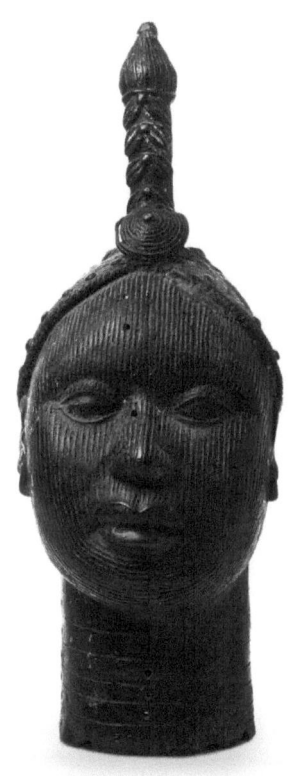

Les termes art "réaliste" ou "naturaliste" s'appliquent généralement à des travaux réalisés à partir de la vie et sont donc fidèles à la nature. Mais leur signification, bien que suffisamment définie en sculpture, tend à devenir ambiguë lorsqu'elle est appliquée aux arts graphiques. Si nous parlons de peinture naturaliste, nous entendons par là qu'elle est fidèle à l'impression optique du modèle telle qu'observée à un moment donné sous un angle donné. Mais dans un sens différent du terme, nous pouvons parler de naturalisme ou de réalisme si un artiste représente tous les détails qui existent réellement, non seulement ceux qu'il peut voir en ce moment, mais ceux qu'il sait être présents. Dans la plupart des arts primitifs, le réalisme est de ce type. On peut soutenir que son développement atteint son point culminant dans les dessins aux rayons X de l'Australie, de la Mélanésie et des régions côtières de la Colombie-Britannique et du sud de l'Alaska. Ici, l'artiste décrit tous les détails du corps, y compris la colonne vertébrale, les côtes et les organes internes, car il considère ceux-ci comme non moins importants que les caractéristiques de l'apparence extérieure de l'homme. Cette méthode étonnante provient souvent des intérêts matériels de l'artiste dans certains détails, plutôt que de toute appréciation esthétique.

Dans l'Amérique du Nord-Ouest, des peintures murales monumentales représentant des épaulards (ou d'autres animaux) se distinguent par le rendu de vertèbres et de côtes. La représentation stylisée du joint est typique de tous les arts graphiques nord-américains. Cette méthode visuelle étrange est restreinte à quelques régions de la zone du Pacifique et est supposée être l'un des signes indiquant que ce district a pu être affecté par des influences occidentales à une époque lointaine du passé. Un tel réalisme intellectuel ne peut prétendre être naïf ou simple. C'est (paradoxalement) un type sophistiqué de primitivité.
L'accentuation de certaines caractéristiques d'une figure conduit souvent à en négliger d'autres, de sorte que la représentation réaliste est progressivement abandonnée. Il est finalement remplacé par le symbolisme, où quelques traits caractéristiques suffisent à

transmettre l'idée d'un objet et peuvent être stylisés et transformés en signes conventionnels. À un stade de développement extrême, une griffe isolée et une seule aile peuvent symboliser un corbeau. Mais ici, nous sommes déjà sortis du domaine de l'art naturaliste pour entrer dans la sphère du design abstrait ou conventionnel.

Les formes géométriques se retrouvent à la fois dans les dessins décoratifs et sous forme de motifs dans les textiles et la vannerie. La variété de ces motifs est infinie, bien que certains d'entre eux, tels que les bandes de zig-zag, les frettes, les triangles, divers types de croix, etc., soient fréquents chez des peuples totalement différents. Ils sont en fait presque universels et n'indiquent pas nécessairement de relation historique entre les différents arts dans lesquels ils se produisent: nous trouvons des frettes à quatre carrés, par exemple, non seulement dans la Grèce antique et la Chine, mais également chez les Indiens d'Amérique du Sud., Mélanésiens, Bantous d'Afrique et autres peuples africains.

Mais par une certaine combinaison de motifs, si communs que soient les éléments individuels, l'artiste produit un style spécifique de coloration nationale marquée qui permet d'attribuer un objet décoré à un certain peuple et souvent à une certaine période. Ceci, bien sûr, est valable pour l'étude de l'art en général et ne se limite pas à l'art primitif. Dans de nombreux cas, les motifs décoratifs sont censés symboliser les objets matériels – animaux, plantes, etc. – qui leur ont été nommés. Le lien entre le motif et sa signification symbolique se présente de deux manières; soit par la simplification délibérée d'un dessin représentatif comme dans l'Amérique du Nord-Ouest, soit inversement par l'observation de ressemblances fortuites entre le motif géométrique et son interprétation naturaliste.

Dans les dessins décoratifs des tribus indiennes du Xingu supérieur du Matto Grosso (Brésil), deux motifs particuliers prédominent: un simple triangle noir équilatéral appelé uluri et un parallélogramme aux quatre angles marqués par de petits triangles équilatéraux. Ce dernier modèle s'appelle le mereshu. C'est le nom d'un poisson de forme presque carrée, semblable à une plie. Les quatre triangles noirs dans les angles représentent alors la tête, la nageoire dorsale, la nageoire caudale et la nageoire ventrale. Uluri est le nom donné à la seule robe portée par les femmes de la tribu, en réalité une protection hygiénique contre les insectes, plutôt qu'un vêtement. Il consiste en un morceau de feuille de palmier plié en forme de triangle équilatéral couvrant à peine deux pouces carrés et se terminant par une bande périnéale attachée à une ficelle qui sert de ceinture.

Le professeur Max Schmidt (défunt du Musée ethnographique de Berlin) a montré que les modèles uluri et mereshu sont tous deux apparus de manière fortuite dans un vannerie tressée, qui est le principal artisanat des tribus Xingu. Ils résultent en particulier de l'utilisation de bandes de feuilles de palmier claires et sombres se croisant selon diverses combinaisons. Il est donc clair que les deux noms doivent avoir été appliqués plus tard, après que l'association des idées ait été stimulée par l'apparition des motifs.
Ainsi, la technique particulière utilisée par les artisans a souvent conduit au développement de motifs symboliques et d'un style ornemental spécifique. Les ressemblances fortuites peuvent facilement produire des associations qui donnent à un artiste susceptible l'incitation soit d'élaborer un objet naturel en une représentation plus complète de quelque chose auquel il ressemble déjà, soit simplement de le prendre comme modèle. Il a été suggéré que les premiers artistes de l'âge de pierre aient été inspirés par d'étranges formes naturelles, telles que des pierres aux formes curieuses ou des promontoires rocheux. Un jour, à Londres, un antiquaire m'a montré une pierre en forme de tête de taureau, longue d'environ deux pouces et demi, qu'il considérait comme un exemple de sculpture paléolithique. Cet objet avait en fait une ressemblance étonnante avec un taureau, mais il a prouvé qu'après une inspection minutieuse, il s'agissait d'une formation naturelle, et cette ressemblance était purement accidentelle.

Non seulement la forme mais aussi la couleur du matériau utilisé en sculpture peuvent influencer l'inspiration de l'artiste. Pour prendre exemple sur une haute sphère culturelle: les Chinois, qui ont un goût particulier pour travailler la pierre dure de différentes couleurs (jade, agate, calcédoine, quartz rose, etc.), adaptent souvent la forme et la coloration accidentelles de la pierre. d'une manière incroyablement habile dans leurs vaisseaux et leurs figures sculptés. Si, par hasard, un morceau d'agate blanche révèle une tache ou une veine rouge, le tailleur de pierres peut produire un vase blanc entouré d'un spray cerise, et il le fait en sorte que la tache rouge donne l'effet de la cerise. De même, une veine verte peut l'inspirer pour représenter une grenouille ou un lézard.

Les généralisations sont particulièrement dangereuses en ce qui concerne l'effet suggestif des formes techniques. Parmi les Indiens de Guyane, nous trouvons le même type de corbeille tressée que dans d'autres casseroles d'Amérique du Sud, mais ici des bandes sombres et claires sont délibérément et très habilement agencées pour représenter des figures animales (généralement des jaguars et des serpents), de sorte qu'il plus une question d'effets accidentels et leur interprétation ultérieure.

L'appréciation des effets de la décoration artificielle dépasse dans une certaine mesure les limites de la race humaine. L'homme dans son état inculte le plus ancien peut avoir été impressionné par la beauté telle qu'elle se produit dans la nature bien avant qu'il ait commencé à produire des formes artistiques ou à imiter les lignes et les figures se produisant dans son environnement naturel. Certains peuples primitifs d'aujourd'hui ont une appréciation évidente des beautés de la nature, et il existe des tribus en Mélanésie qui, dans leur art décoratif, tentent de dépeindre même des phénomènes tels que l'arc-en-ciel et la luminosité de la mer par des ornements symboliques et non un style naturaliste. Pour apprécier pleinement une œuvre d'art, elle doit être vue autant que possible dans le cadre pour lequel elle a été créée.

Cela est particulièrement vrai de l'art primitif en raison de son contexte culturel étrange et totalement différent. La statue d'un ancêtre ou d'une divinité dans des conditions de lumière africaines, et destinée à rester toujours dans l'ombre d'un sanctuaire ou d'un temple, ne peut produire le même effet lorsqu'elle a été retirée de son environnement initial et exposée dans un vitrine dans une salle européenne. D'autres effets de lumière et d'ombre peuvent apparaître et ne pas être moins attrayants, mais ils ne sont pas originaux et ajoutent une note étrangère à la statue.

Le monde du tatouage

Le tatouage à l'époque contemporaine

Cette période est marquée par l'apparition de la première machine à tatouer électrique à New York. Cet appareil qui fait entrer cette pratique ancestrale dans la modernité est inventé en 1891 par Samuel O'Reilly. Le tatouage commence dès lors à être réalisé de façon professionnelle. On assiste ainsi dans la foulée de cette invention à l'ouverture sur le continent européen des premiers studios dédiés à ceux qui désirent se faire tatouer au milieu du XXe siècle.

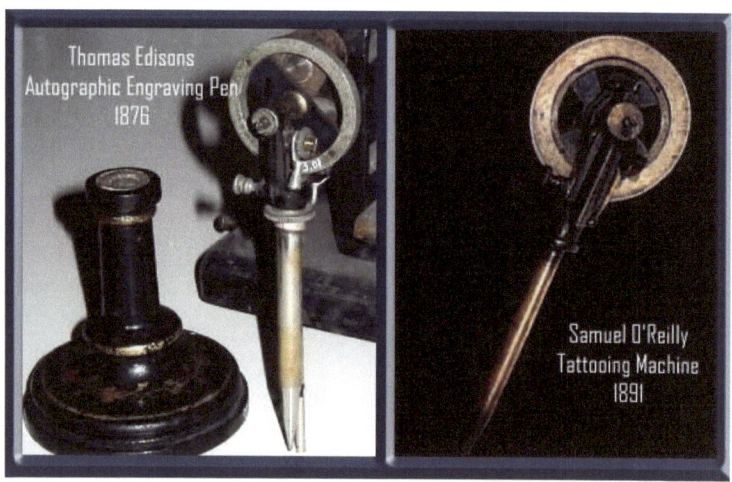

Cette tendance se généralise à partir des années 70. La popularisation du tatouage est symbolisée à cette époque par le phénomène des "mauvais garçons". La pigmentation de l'épiderme est particulièrement répandue chez les punks, les rockers et les bikers. En d'autres termes, le tatouage est choisi par une population marginale comme un signe de sa protestation et de sa rébellion. Il faut donc attendre les années 90 pour que le fait de tatouer devienne un véritable phénomène de mode. L'aspect esthétique est alors mis plus avant. Le tatouage devient une oeuvre d'art à part entière. Grâce à cette dimension artistique plus affirmée et le perfectionnement des graphismes, on compte un nombre plus élevé d'amateurs de décorations corporelles à travers le monde. En France par exemple, la création de boutiques spécialisées dans le tatouage croît à un rythme exponentiel. Pour preuve, d'une quinzaine de magasins au début des années 80, ils sont près de 2000 quelques décennies plus tard. Le matériel utilisé s'améliore au fil des années et les conditions d'hygiène dans lesquelles il se pratique sont plus saines, celles-ci étant encadrées par le code de la santé publique.

Dans nos sociétés où dominent l'image, le look et l'apparence, la peau se transmue en écran où projeter une identité rêvée en recourant aux innombrables modes de mise en scène suggérés par le marché ambiant. Quiconque ne se reconnaît pas dans son existence peut intervenir sur sa peau pour la façonner autrement et se donner une autre apparence. Agir sur elle revient à modifier l'angle de la relation au monde. Des marques délibérément ajoutées se muent en signes d'identité proposés à l'appréciation des autres.
La vague culturelle des marques corporelles est une forme contemporaine d'invention de la tradition : elle crée de l'inédit sur un fond ancien souvent issu de sociétés traditionnelles (Maori par exemple) dont la signification est oubliée ou ignorée, elle en reformule les signes pour ajouter à la boîte à outils où chaque individu vient puiser des motifs à son usage propre. Le foisonnement contemporain des signes, leur nouvelle affectation, transforment l'histoire en un inépuisable prétexte puisqu'il n'y a plus de compte à

rendre à personne. Les signes flottent et perdent leur enracinement. Leur signification dépend seulement de qui se les approprie et du récit personnel tenu à leur propos. Vidés de leurs significations premières, ils flottent alors comme élément d'originalité ou de référence spirituelle dans un grand vestiaire planétaire où chacun bricole à son gré une mise en scène de soi satisfaisante au moins pour un temps. Ils sont transformés en matière première disponible, souvent esthétisés en style après avoir disparu des existences réelles. Pourtant, les tatouages « tribaux » n'ont rien à voir avec leur modèle quand ils sont portés dans nos sociétés. La quête symbolique de l'autre sert d'abord à une transfiguration personnelle. Les signes passent d'un monde à l'autre, ils se transforment. La personne tatouée invente un mythe intime autour d'eux. Leur signification ultime, celle qui vaut pour l'individu lui-même, n'est plus dans le texte originel. Elle relève d'une esthétique de la citation et d'une fiction personnelle autour d'elles.

Dans les sociétés traditionnelles, les tatouages ne sont jamais une fin en soi, ils accompagnent de manière irréductible des cérémonies collectives ou des rites d'initiation ; ils disent le franchissement d'un seuil dans la maturation personnelle, le passage à l'âge d'homme, l'accession à un autre statut social, l'entrée dans un groupe particulier, etc. Ils sont un élément de la transmission, par les aînés, d'une orientation et d'un savoir pour les novices qui en bénéficient. Ils sont le moment corporel d'une ritualité plus large qui les immerge dans leur groupe.
Dans nos sociétés, les tatouages sont individualisants et signent un sujet singulier dont le corps n'est pas relieur à la communauté et au cosmos comme il l'est dans ces sociétés, mais est à l'inverse une affirmation de son irréductible individualité. Ils relèvent d'une décision personnelle n'influant en rien sur le statut social, même s'ils colorent la présence d'une singularité particulière. C'est parce que le corps est un instrument de séparation, l'affirmation d'un « je », qu'une telle marge de manœuvre existe dans le remaniement de soi. Pour changer de vie, on change son corps, ou du moins on essaie.

D'où la prolifération des interventions sur le corps dans nos sociétés où règne la liberté, c'est-à-dire l'individu en tant qu'il décide de son existence. La culture du tatouage est l'un des hauts lieux de l'individualisation du sens, et au-delà de l'individualisation du corps (Le Breton, 2014). Le choix d'un motif relève d'une initiative personnelle et d'une esthétique, et non d'une éthique, d'une immersion au sein de la communauté. Si le motif est essentiel à ses yeux, il ne l'est pas nécessairement pour ceux qui lui sont proches et arborent les mêmes signes. Nous sommes loin du statut culturel du tatouage dans les sociétés traditionnelles.

Rares sont ceux qui se taisent sur leur expérience. Ils aiment en parler, évoquer leurs souvenirs, donner des conseils. Le tatouage est une mise en récit de soi à travers la peau. S'il est détaché des systèmes culturels, il relève aujourd'hui d'une initiative personnelle et il est accompagné d'un récit qui lui donne une signification forte mais intime. Il alimente un mythe individuel fondé sur un bricolage avec des traditions nettement simplifiées dans la méconnaissance des sources, mais puissantes dans la redéfinition de soi : « *Mes tatouages me représentent, ils sont ma force, font partie de moi, chacun a sa propre signification .* » *(Leslie 25 ans)* .

La peau est une sorte de galerie où exposer des symboles flottants, des métonymies de son existence. La disparition des récits fédérateurs amène à la multiplication des petits récits. Le bricolage du sens l'emporte sur l'allégeance à des matrices symboliques unifiées comme l'étaient les cultures d'origine de certains de ces signes. La narration personnelle est seule donatrice de sens. La signification des tatouages est reconstruite de toutes pièces puisque les sociétés auxquelles ils sont empruntés ont disparu ou sont intégrées de manière plus ou moins heureuse à l'humanité-monde. Ils participent du marché planétaire dont il est loisible de s'approprier les données en les reformulant à sa guise mais avec néanmoins la volonté de se rattacher à une fiction grandiose.

Le tatouage affirme une singularité individuelle dans l'anonymat démocratique de nos sociétés, il permet paradoxalement de se penser unique et valable dans un monde où les repères se perdent et où foisonne l'initiative personnelle. Il attise le regard, accroche un look et attire l'attention sur soi. Forme radicale de communication, entre discrétion et affirmation, c'est une mise en valeur de soi afin d'échapper à l'indifférence. Le tatoué sur signifie ce qu'il entend être à travers son apparence. Le renforcement du sentiment de soi sollicite le recours à un signe adéquat, habilement déniché dans l'actuelle prolifération des signes. Le tatouage donne une identité et une radicale distinction ; sans lui, l'individu ne serait plus tout à fait le même. Être soi devient un travail qui impose de posséder la panoplie requise.

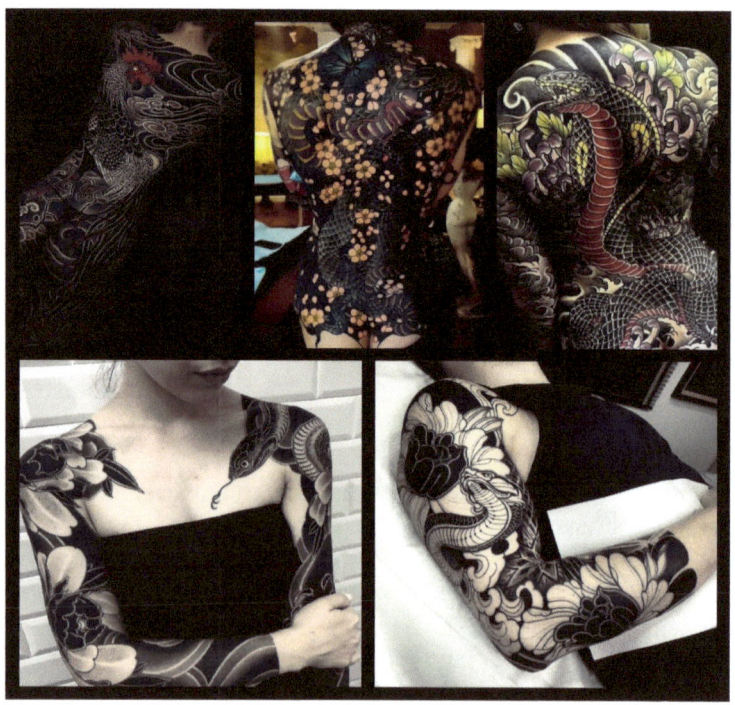

Dans un monde d'images, il faut se faire image. La crainte est celle de l'indifférenciation, celle de n'avoir rien de « remarquable », et donc de ne pouvoir être quelqu'un. Le tatouage est d'abord une forme d'embellissement choisie pour sa beauté, sa mise en valeur du corps, sa touche d'originalité. À la fois objet privé et public, il est destiné à l'appréciation des autres, même s'il participe de l'intimité. Élément courant de la construction de soi dans un monde où il importe d'attirer l'œil avec un signifiant socialement porteur. Forme démocratisée de body art, il incarne une manière de mettre son apparence en scène en se construisant symboliquement un personnage. La conviction de la beauté du tatouage est, bien entendu, une raison première de sa pratique et de son évaluation. Bijou cutané, il doit être agréable à regarder ou à toucher.

Le tatouage accroît la confiance en soi, le mûrissement personnel. D'où la jubilation qui accompagne sa mise en place. Il met symboliquement un terme à une situation d'incertitude et opère un sentiment de maîtrise de soi pour les plus jeunes. Il ritualise un événement perçu comme significatif : obtention d'un diplôme, premier boulot, succès professionnel, scolaire, universitaire, début ou fin d'une relation amoureuse, prénom ou initiales de ses enfants, commémoration personnelle, mort d'un proche, souvenir d'un voyage, affirmation d'une valeur, etc. L'obtention du bac revient par exemple, sous une forme récurrente, dans les propos tenus par les jeunes sur les circonstances entourant leur décision. Beaucoup de tatouages sont choisis pour symboliser le passage vers un autre moment de son existence. Il y a une incidence sur le sentiment de soi, une injection intime de sens, mais le changement dépend de l'investissement psychique du sujet, de ses attentes, de ses représentations. Le même signe est vécu par l'un comme un simple embellissement corporel, pour d'autres il accompagne une expérience « spirituelle » qui bouleverse leur vie, il est hommage à un ami ou à la mère ou le souvenir d'une expérience mémorable, ou un signe d'admiration envers un sportif réputé, etc. Il est régulièrement touché, palpé, etc., surtout dans les moments de tension. Fortement investi, il calme, donne le recul ou la réassurance. Le tatouage en ce qu'il arbore un emblème de soi rehausse le sentiment d'identité et procure enfin une sensation d'exister dans le regard des autres à travers la survalorisation dont il est l'objet. Il donne enfin du corps au corps, il est perçu, non seulement comme faisant intégralement partie de soi, mais comme en étant la part la plus belle, la plus digne d'intérêt. Impossible d'être tout à fait soi sans la cristallisation identitaire qu'il opère. Des tatoués présentant plusieurs motifs avouent spontanément faire parfois le terrible cauchemar de se retrouver sans leurs tatouages. Ils se réveillent angoissés et vérifient s'ils sont encore là. Sans eux, ils ne s'appartiendraient plus.

Le tatouage a une valeur identitaire intime s'il est discret et disposé en un lieu que masquent habituellement les vêtements (sein, haut des cuisses, hanche, aine, cheville, etc.). Dissimulé par la pudeur et les usages sociaux, il se montre seulement lors des rencontres privilégiées – par exemple avec les partenaires lors de relations amoureuses ou avec des proches avec qui l'on peut sans gêne franchir les limites de la pudeur. Mais si les vêtements le couvrent dans la vie courante, en revanche il peut être exposé avec jubilation l'été sur les plages ou lors d'activités sportives ou par les manières habituelles de s'habiller.
Si le tatouage est placé en un lieu aisément visible – les doigts, les mains, les poignets, le cou ou même le visage –, il est alors clairement affiché comme une marque de distinction, voire de rébellion. La volonté de heurter les autres, de les troubler, est parfois présente. Les tatouages au visage sont des stigmates volontaires. L'individu se retranche
délibérément des interactions rituelles dont il aurait pu bénéficier. Il s'expose en permanence au jugement des autres. Au Québec, Zombie Boy, autrefois jeune en errance et laveur de pare-brise dans les rues de Montréal, le corps intégralement recouvert de tatouages, une tête de mort dessinée sur son visage, a transformé à l'inverse son stigmate d'apparence en signe de valorisation.

Il apparaît ainsi dans plusieurs clips de stars de la chanson et participe à des défilés de mode. Le tatouage connaît aujourd'hui un engouement planétaire. Le corps nu semble devenir insupportable. Aux États-Unis, un modèle de poupée Barbie possède désormais un tatouage. Il est un signe de ralliement nécessaire au moment de l'adolescence, et ensuite un emblème de la jeunesse, omniprésent dans les spots publicitaires, les magazines de mode, les *reality shows*, etc.

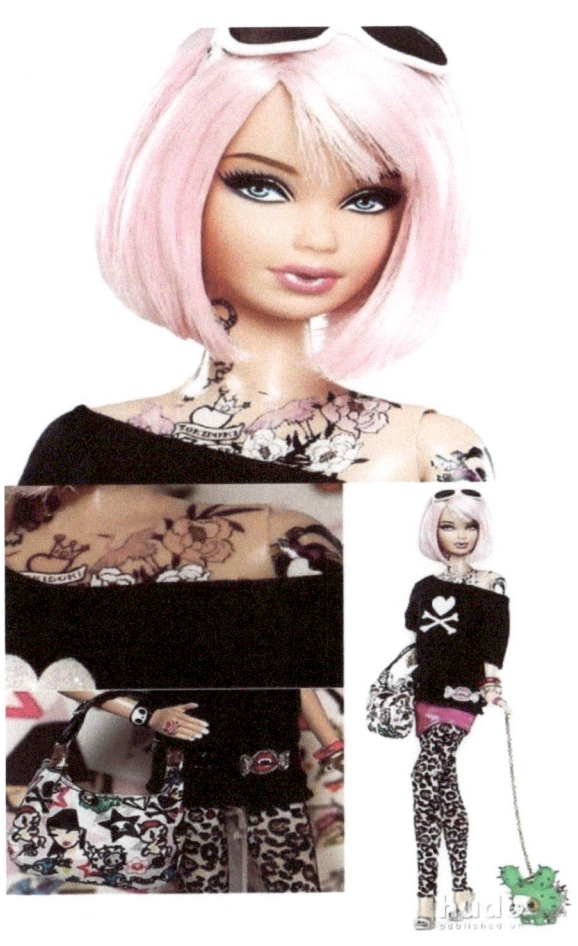

Chaque sportif entend à présent se redoubler dans un logo dessiné sur sa peau destiné à renforcer son personnage pour les médias. Il devient difficile aujourd'hui à un sportif de haut niveau de ne pas se soucier de son *look*, de son image, et de ne pas afficher sa singularité à travers des tatouages aussi réputés que lui et largement imités par ses supporters. Le show business est lui aussi imprégné de cette nouvelle culture. L'inscription d'une marque sur le corps d'un *people* fait désormais l'actualité et implique en conséquence pour les tatoueurs la nécessité commerciale de reproduire le même motif sur d'innombrables corps d'anonymes soucieux de s'approprier une parcelle de l'aura de leur vedette. Jack, tatoueur entre Metz et Thionville, dit sa reconnaissance au football anglais d'avoir « démocratisé le tatouage dans le sport. Les nageurs comme Laure Manaudou ou Alain Bernard n'ont fait que suivre le mouvement. Merci David Beckham ». Le tatouage est devenu un fait de culture, il témoigne d'une appropriation ludique de soi, même s'il tend aussi à devenir un produit de consommation courante.

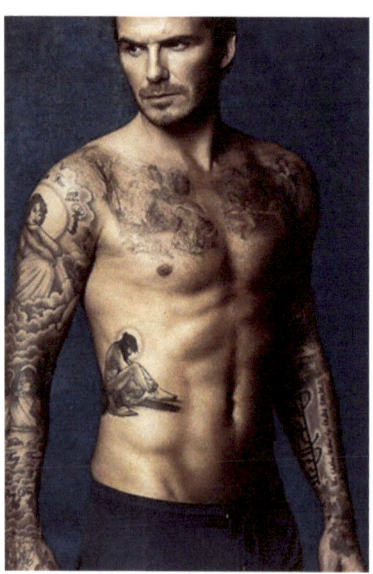

HISTOIRE DU TATOUAGE JAPONAIS

Avec la colonisation japonaise sur l'archipel, la culture et les traditions de la population se trouvent basculer. D'ailleurs, l'arrivée de la culture et de l'influence du bouddhisme a grandement remis en question les tatouages. À cette époque, les tatouages avaient des connotations négatives. Au XVIe siècle, les tatouages étaient utilisés pour marquer son appartenance à un clan quel qu'il soit. Ainsi, ils pouvaient servir pour reconnaître les clans des samouraïs ou guerriers morts durant les batailles. Actuellement, au Japon, le tatouage est mal vu par la population, car il fait toujours référence aux réseaux mafieux des Yakuzas. En l'occurrence, les yakuzas usent des tatouages durant des rituels. Il reste tout de même des maîtres tatoueurs usant des anciennes techniques pour le tatouage Irezumi.

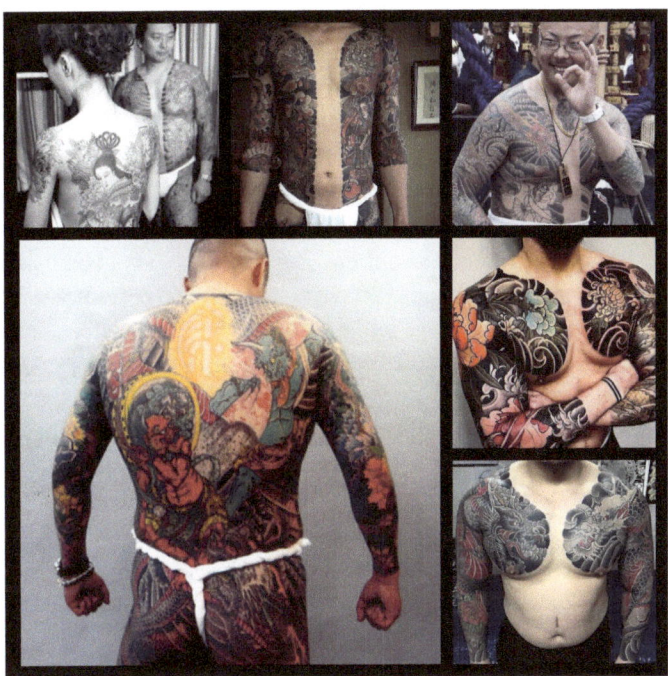

Les tatouages japonais de nos jours

En occident, le tatouage d'inspiration japonaise fait partie des styles de tatoos des plus prisés et admirés. Le tatouage nommé « Horimono » s'avère être une pratique à des rites ancestraux japonais. Étymologiquement, ce terme signifie graver dans la langue japonaise. L'histoire des pratiques de modification corporelle remonte à la civilisation Aïnou. Ce peuple indigène du Japon représente les premiers habitants de l'archipel. Cette population autochtone japonaise était d'origine préhistorique et vivait dans le nord-est du Japon. En l'occurrence, durant la période Jomon de l'histoire japonaise elle vivait entre l'île Russe de Sakhalin et l'île d'Hokkaido. Actuellement, ce peuple est une ethnie minoritaire du Japon et s'avère être très différente des Japonais notamment de par leurs petites tailles, leurs corps robustes, leurs membres courts sans oublier leurs teints plus foncés.

À partir du XVe siècle, les Wajins colonisaient progressivement les Aïnous, un évènement scellant le destin de la pratique du tatouage des Aïnous. En réalité, les Aïnous se servaient de ses tatouages pour orner le visage des femmes. Ainsi, les femmes Aïnous sont toutes tatouées sur le dessus des sourcils et également sur les contours de leurs lèvres. Ces tatouages ont été créés de manière à ce qu'ils soient vus comme un maquillage. Tous les tatouages de cette tribu étaient dès leurs jeunes âges. En effet, à partir de la puberté, notamment vers l'âge de 6-7 ans à l'âge de leurs mariages, les jeunes filles Aïnous commençaient à avoir des tatouages sur le visage. Ces tatouages étaient le plus souvent en forme de moustache de guerrier, encrés sur la lèvre supérieure.

Avec leur pilosité plus abondante, les Aïnous considèrent cela comme étant un signe de beauté. De ce fait, tous les hommes de cette tribu portent de longues moustaches et barbes, raison pour laquelle les femmes mariées avaient des tatouages ayant cette forme. Les types de tattoo aïnou peuvent également se porter sur les mains et les bras.

Ainsi, ils peuvent se présenter sous forme de motifs géométriques curvilignes, notamment à la manière d'entrelacs tribals. Pour les femmes de la tribu, les tatouages de gaines sur l'avant-bras seraient cachés aux hommes, car les traditions insinuent que si les hommes les voient cela porterait un grand malheur.

Ces types de tatouages étaient censés représenter le statut social. À part ses vertus esthétiques, le fait de se tatouer marquait une dimension protectrice pour sa porteuse et toute sa famille. Un tatouage encré sur la lèvre supérieure de la femme Aïnous est sans doute un symbole de son arrivée à maturité.
Ce tatouage garantit une vie après la mort ainsi qu'une place parmi les ancêtres. La colonisation des Japonais repousse une grande partie des traditions Aïnous. À cette époque, le tatouage féminin a même été interdit dans le nord du Japon.

De plus, le culte de l'ours et le port des boucles d'oreilles ont également été supprimés durant cette colonisation. L'influence du bouddhisme entrant progressivement dans les cultures japonaises ne fait qu'empirer les choses. Apparemment, cette influence donne une connotation négative au tatouage , surtout au Japon.
Par ailleurs, le tatouage traditionnel japonais était tout à fait présent durant le XVIe siècle. À cette époque, les guerriers samouraïs se tatouaient le symbole de l'emblème du clan sur leur corps. Ces tatouages étaient des moyens d'identification des cadavres afin de reconnaître leurs clans.
De nos jours, les tatouages japonais font penser aux Yakuza. En outre, dans l'archipel, la présence de tatouages est souvent synonyme de criminalité.

Création d'un tatouage japonais

L'art du tatouage est devenu une tendance à l'échelle mondiale. Effectivement, plusieurs professionnels dans ce domaine reviennent également sur les techniques ancestrales de tatouage. Au Japon, le tatouage n'a pas toujours été intégré par la population. En réalité, depuis l'ère Edo, les tatouages traditionnels ont été connus pour marquer les symboles de force et de courage. Durant cette même période, cet art est une référence à la honte et à la criminalité. Bien évidemment, plusieurs noms peuvent être attribués aux différentes techniques de tatouage traditionnel du Japon que ce soit l'Irezumi ou encore l'Horimono. Le terme Horimono désigne la totalité des tatouages. Mais le terme « Irezumi », lui, est une référence au tatouage traditionnel couvrant une large partie du corps. D'ailleurs, ce dernier peut représenter un tatouage qui habille tout le corps notamment comme une seconde peau. À vue d'œil, ces types de tatouages reflètent de véritables œuvres d'art. Les maîtres et les disciples exerçant cette forme d'art ont appris les techniques et le maniement des matériels indispensables pour marquer les particuliers.

Contrairement aux tatouages occidentaux, le tatouage japonais se fait entièrement à la main. Pour ce faire, les maîtres en la matière usent de fines aiguilles, des pigments de couleur et de l'encre de charbon pour tatouer les intéressés. Ainsi, l'outil de l'expert est un manche en pointe fabriquée généralement en métal. Autrefois, cette sorte de manche était en bambou les tatoueurs fixent les aiguilles à l'extrémité de celui-ci. Apparemment, le nombre d'aiguilles dépend exclusivement de la taille du trait du tatouage souhaité. Concernant les couleurs, les pigments sont exclusivement importés. D'ailleurs, le tatoueur devra connaître le rendu de chaque type de pigment afin de procurer des effets exceptionnels quand ils tatouent leurs sujets. Un grand nombre de tatouages demandent plusieurs années de travail, comme les tatouages habillant l'intégralité du corps (Sooushinbori). Sur le plan financier, les tatouages les plus compliqués demandant une grande patience et coûtent une fortune, mais sont des œuvres d'art exceptionnelles. Cette méthode traditionnelle des tatouages japonais est connue pour être très douloureuse à cause des picotements des aiguilles sur le bambou. Ainsi, se faire tatouer à la méthode traditionnelle demande une forte détermination du tatoué et une grande dépense que ce soit en argent ou en temps.

Actuellement, les tatoueurs usant de cette ancienne méthode se font rares. L'application du tatouage à la main, autrement appelé Tebori, requiert certainement des connaissances et des techniques spéciales. Le maître Horiyoshi III est connu pour l'Irezumi actuel. En effet, il fait partie de ceux qui modernisent cet art traditionnel japonais.

Même si le tatouage se fait toujours à la main, ce grand maître a mis en place l'usage de la dermographie électrique afin de tracer les grandes lignes. Au début, les tatouages décoratifs ne pouvaient être ancrés que sur le dos. Mais progressivement, les tatoueurs ont trouvé le moyen de mettre les motifs sur les bras, les épaules pour finir par habiller le corps entier, ce qui mène le tatoué à un tatouage intégral.

Signification du tatouage japonais

Dans les tatouages traditionnels japonais, les éléments naturels représentent l'arrière-plan du tatouage en question comme les nuages, le vent, les rochers ou encore les vagues. Les dessins Irezumi dans les tatouages ont tous des significations spécifiques pour le tatoué et des significations selon les traditions. Par exemple, un tatouage de dragon marque la sagesse, la puissance et la maturité.

Les fleurs de Lotus représentent généralement la grâce et la beauté. D'ailleurs, cette fleur reste particulièrement utilisée durant plusieurs cérémonies religieuses. Le tatouage symbolise l'éloquence et l'élégance pour le tatoué. Elle peut également symboliser la conscience de soi, le mysticisme, la pureté sans oublier la patience.

Chrysanthèmes
Le chrysanthème est régulièrement rapproché au symbole impérial. En effet, l'ordre suprême du Chrysanthème est une haute distinction qu'un Japonais peut recevoir. En l'occurrence, ce symbole représente exclusivement le caractère et la volonté d'une personne. La perfection et la simplicité restent également un symbole représenté par cette fleur.

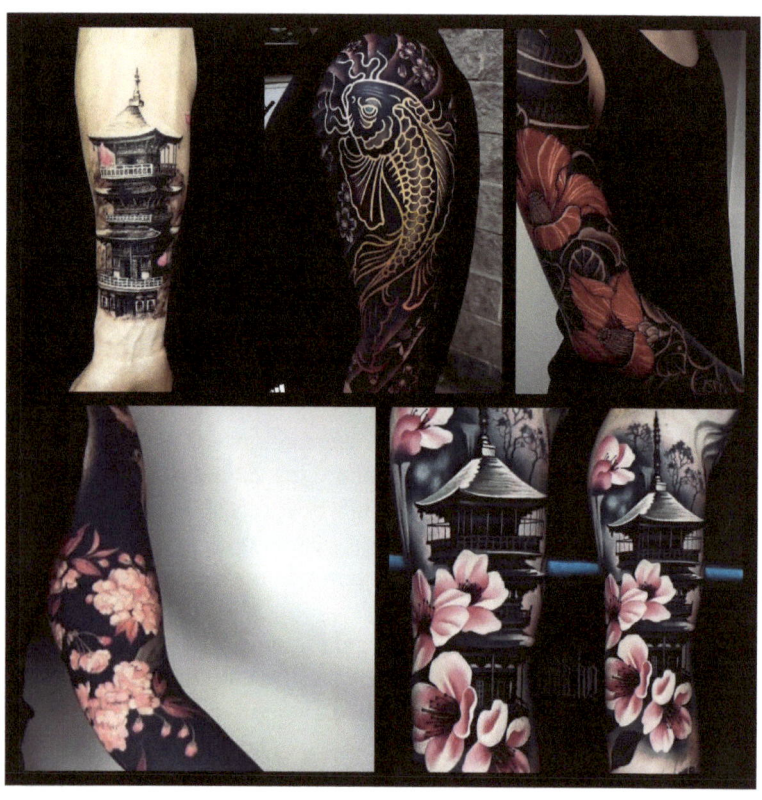

Rose
Dans l'art du tatouage, la rose reste un symboliste de l'amour éternel, de l'équilibre et surtout de nouveaux commencements. Une rose ayant une seule tige représente le contraste de la défense, la perte et la légèreté pour un tatoué.

Pivoines
En matière de tatouages, les fleurs portent une grande importance notamment pour les tatouages japonais. Les pivoines, elles, sont considérées comme les rois des fleurs. Elles symbolisent la richesse et l'élégance. Elles représentent également la chance et la santé.

Hibiscus
Dans la culture japonaise, l'hibiscus a une simple signification. En effet, cette fleur japonaise est connue pour sa douceur. Elle symbolise la tranquillité chez le tatoué.

Orchidées
Pour les adeptes de tatouage, les orchidées restent une des fleurs de préférence. Cette dernière reste également un symbole de puissance, de force et de bravoure.

Cerisier
Cette fleur éphémère représente une grande connotation symbolique. Comme dans les cultures japonaises et chinoises, elle reste une fleur symbolique. Pour le Japon, elle représente un emblème national. D'ailleurs, elle symbolise un reflet pour la moralité et porte bonheur.

Feuilles d'érable
Soulevées par le vent, les feuilles d'érable restent également symboliques tout comme les pétales de cerisier. Symboliquement, les tatouages de feuilles d'érable sont étroitement liés à la paix, au temps qui passe et à la réincarnation continue.

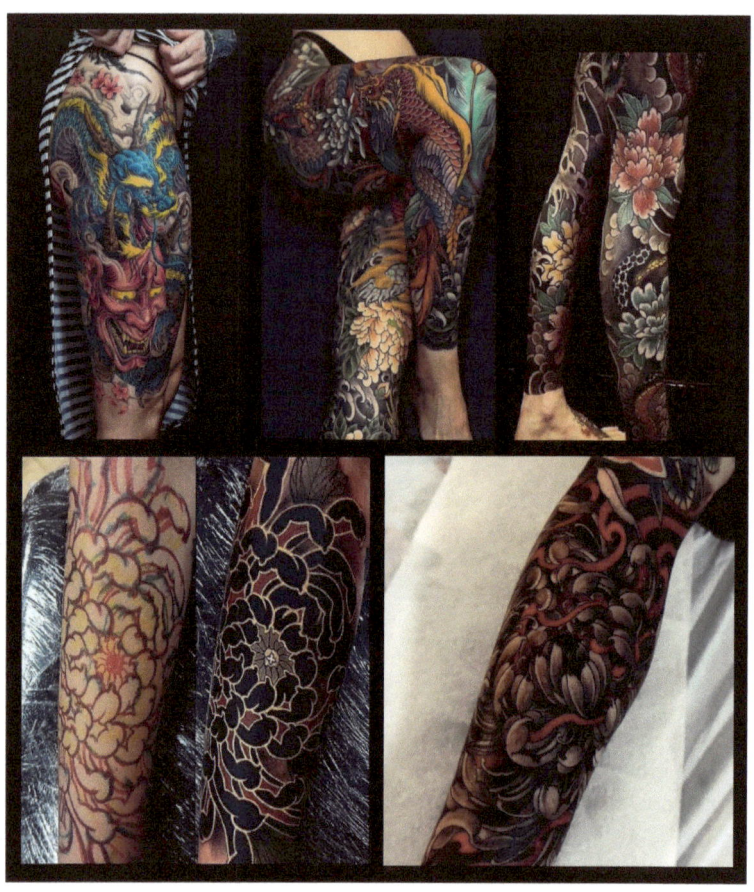

Le tatouage de style japonais a su malgré tout dépasser les frontières et gagner une popularité certaine sur d'autres continents comme en Europe ou aux Etats-Unis. Les vrais aficionados cherchent même des professionnels qui pratiquent encore la technique ancestrale du tatouage traditionnel japonais, également appelé Irezumi, réalisé à la main sur une grande partie du corps, assez douloureux et qui peut prendre des années à être terminé. Un vrai tableau corporel coloré qui met en scène des mythes, des monstres et des éléments naturels. On retrouve ainsi par exemple le dragon, qui symbolise la puissance et le bon sens, les carpes Koï, synonymes de force et de ténacité, le tigre, à la fois élégant et courageux, le phénix, qui renaît toujours de ses cendres, le serpent, qui apportera une protection, mais aussi l'eau et plus particulièrement les vagues, qui représentent le renouvellement continu, le cycle de la vie.

Les amoureux du Japon pourront également opter pour des motifs qui rappellent forcément le pays du Soleil-Levant comme un impressionnant samouraï pour mettre en avant les notions de loyauté et d'honneur qui vous sont chères, ou encore une sublime geisha pour la grâce et le raffinement qu'elle représente.

A vous de voir si vous souhaitez ajouter un mot ou un message en écriture japonaise pour compléter votre tatouage, mais si c'est le cas, assurez-vous de toujours vérifier en amont avec un natif que les symboles utilisés sont corrects !

Généralement hauts en couleurs, les tatouages japonais peuvent cependant être réalisés en noir et blanc si vous le préférez. N'hésitez pas à demander conseil à votre tatoueur.

Pour un modèle de moins grande envergure, vous pouvez miser sur de jolis motifs floraux comme les fleurs de cerisier, véritable porte-bonheur au Japon, qui nous rappellent qu'il faut profiter de la vie parce qu'elle est courte, ou encore les fleurs de lotus, qui symbolisent la patience et la renaissance.

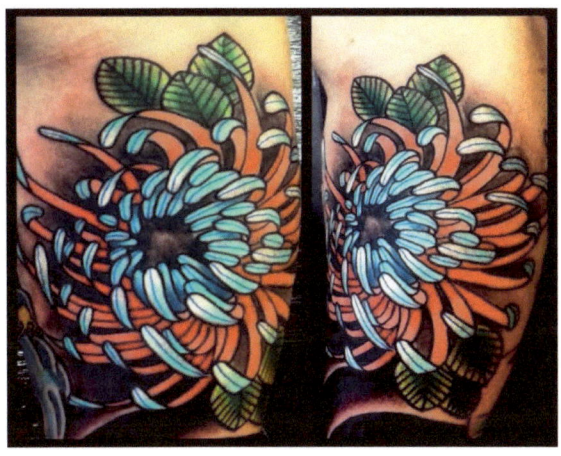

TATOUAGE AÏNOUS

Le peuple indigène au Japon

Aïnou signifie, littéralement dans la langue aïnou, "humain". Le peuple Aïnou est considéré comme le peuple premier du Japon (aborigène).
Ils vivent, dans un premier temps, au nord du Japon et à l'extrême Est de la Russie, puis migrent vers Hokkaido, les îles Kouriles, Sakhaline et le sud de la péninsule du Kamtchatka.

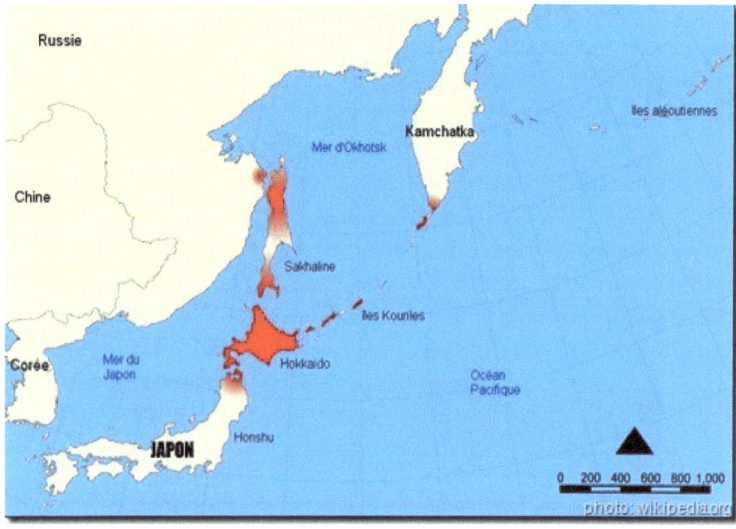

Ce peuple de pêcheurs / chasseurs, était encore il y a peu, en voie d'extinction, il compte une population d'environ 150 000 individus.
Il n'existe pas de recensement précis de ce groupe ethnique, car les Aïnous cachent ou ignorent leur origine, pour éviter toute discrimination raciale.

Ce peuple fonctionne sur une structure sociale
patriarcale et polygame, et pratiquent une religion animiste où l'ours est l'entité la plus vénérée. Les Aïnous vont être victimes, entre le XVIe et le milieu du XIXe siècle, de " l'assimilation forcée" de la part des japonais.
Non sans une certaine brutalité, les japonais appliquent le "toutes les populations du territoire japonais doivent être japonais", c'est à dire que toutes différences culturelles ou différences ethniques, doivent disparaitre pour laisser place à la seule culture uniforme japonaise . Cela touche l'habillement, la religion, l'éducation, le mode de vie dans le quotidien, l'interdiction de la langue, et un cantonnement à l'agriculture sur des parcelles fournies par le gouvernement en ce qui concerne les Aïnous.
Les Aïnous seront utilisés dans l'industrie de la pêche dans des conditions proche de l'esclavage. Ils serviront, aussi, de population tampon lors de conflit entre les Russes et les Japonais.
Bien qu'ils aient subi ce lavage de cerveau culturel, ce qu'il reste de leur culture trouve une survivance dans les art
traditionnels comme la broderie, la gravure sur bois, le chant, la danse et le tatouage. Véritable bouée de sauvetage de leur
culture, l'art Aïnou devient un porte flambeau d'un renouveau de la culture indigène du japon.

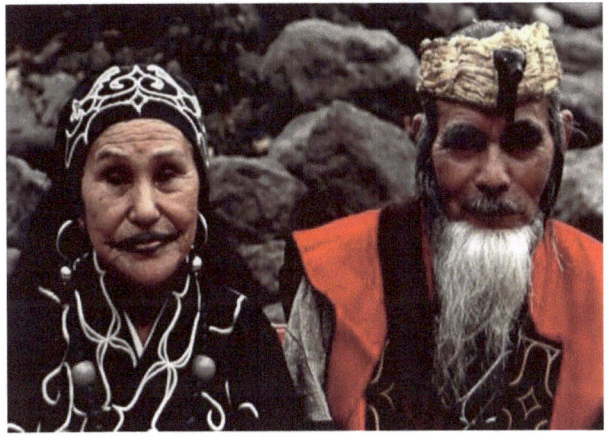

Le tissage et les broderies Aïnou

Un des fleuron de la culture Aïnou est sans doute, leurs incroyables broderies.
Art unique, spécifique, d'une complexité inégalable, le tissage Aïnou couvert de broderies reflète toute la beauté, le savoir faire et la maitrise technique, d'un peuple longtemps considéré comme archaïque .
Le tissage est exclusivement réservé aux femmes, les motifs brodés servent essentiellement à protéger le porteur des mauvais esprits, des blessures ou des maladies.

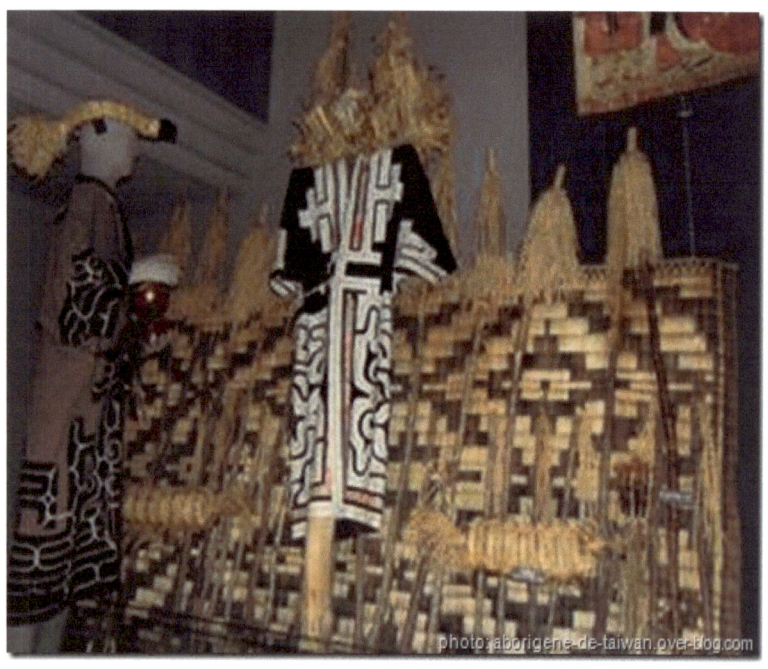

Peuple de pêcheurs et de chasseurs à l'origine, les Aïnous détiennent là aussi une maitrise exceptionnelle de la gravure sur bois. Ils excellent autant dans la confection d'outils, que dans la gravure minutieuse qui les ornent.
Fierté du peuple Aïnou, la gravure orne chaque meuble et outil du quotidien . Aujourd'hui, ils font partis, dans les musées de nombreuses collections dédiés à l' art Aïnou . La sculpture sur bois Aïnou a d'ailleurs acquise une certaine célébrité à travers le travail du sculpteur Bikki (6 mars 1931-25 janvier 1989), qui a aidé à promouvoir la culture Aïnou à travers le monde.

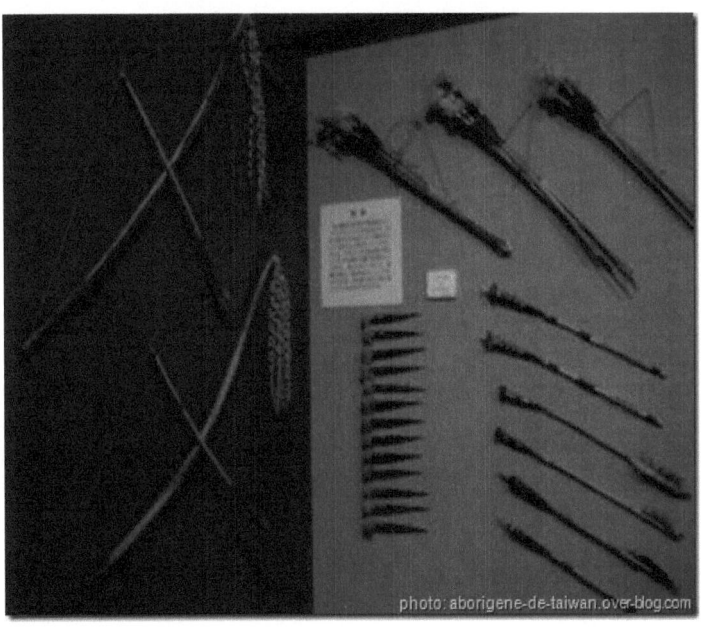

La culture Aïnou prend toute son ampleur dans un autre domaine, celui de la danse et du chant.

Véritable pilier spirituel, la danse et le chant font partie intégrante de la vie des Aïnous, que ce soit au quotidien, ou lors de cérémonies religieuses.

Les chants et les danses sont pratiquées pour les prières, la transmission de légendes ou pendant les travaux du quotidien. Les danses peuvent être de plusieurs sortes : danses de prières, de jeu, d'exorcisme, de travail, ou pour décrire les mouvements des animaux. Impossible à dénombrer, ces types de danses sont aussi spécifiques à chaque village, et différentes d'une région à l'autre.

Généralement sans musique (sauf dans certains cas), ce sont les voix et les claquements de mains qui rythmes les danses.

Bien que mixte, ce sont les femmes qui réalisent les danses, seules certaines sont réservées aux hommes.

Parfois, elles consistent à se réunir en cercle pour écouter, en se tapant sur le ventre, une femme raconte des légendes et cela dure plusieurs jours.

L'art Aïnous, se distingue donc par une foisonnante diversité, mais il compte un art qui malheureusement fera les frais de "l'assimilation forcée".

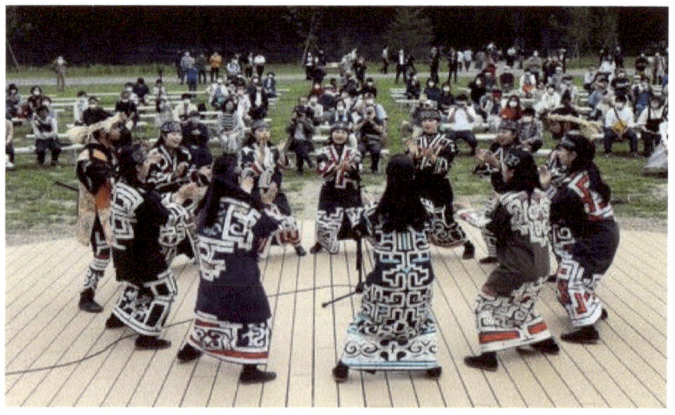

LE TATOUAGE TRADITIONNEL AÏNOUS

L'histoire du tatouage est particulièrement riche au Japon. Si le tatouage d'inspiration japonaise est très apprécié en occident, il n'en a pas été de même au niveau local. Cette pratique appelé "Horimono", c'est à dire "graver" en japonais, est liée à des rites ancestraux de modification corporelle.
Sous L'influence culturelle et religieuse japonaise, la connotation du tatouage devient rapidement négative. Les Aïnous vont en être les premiers victimes avec l'interdiction de pratiquer leurs rituels de tatouage.
Pour les Aïnous, la fonction du tatouage est, avant tout, sociale mais aussi esthétique.
Ce sont surtout les femmes à partir de la puberté qui se font tatouer, jusqu'a ce qu'elles se marient. Les principaux endroits se situent sur les bras, le contour des lèvres, le dessus du sourcil .

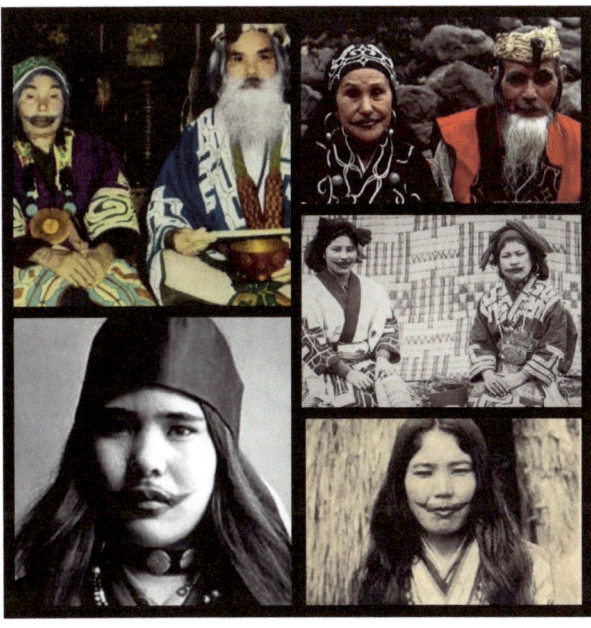

Les tatouages faciaux sont destinés à remplir un rôle esthétique à la manière d'un maquillage. Les tatouages des avant bras sont fait de motifs géométriques curvilignes, qui doivent être cachés aux hommes sous peine d'un grand malheur. Ils représentent le statut social, mais ont aussi une dimension protectrice pour la porteuse et sa famille.

Le tatouage de la lèvre supérieure est le symbole d'arrivée à maturité, il prendra sa forme définitive au mariage. Il assure à la personne qui le porte une vie après la mort et une place parmi les ancêtres.

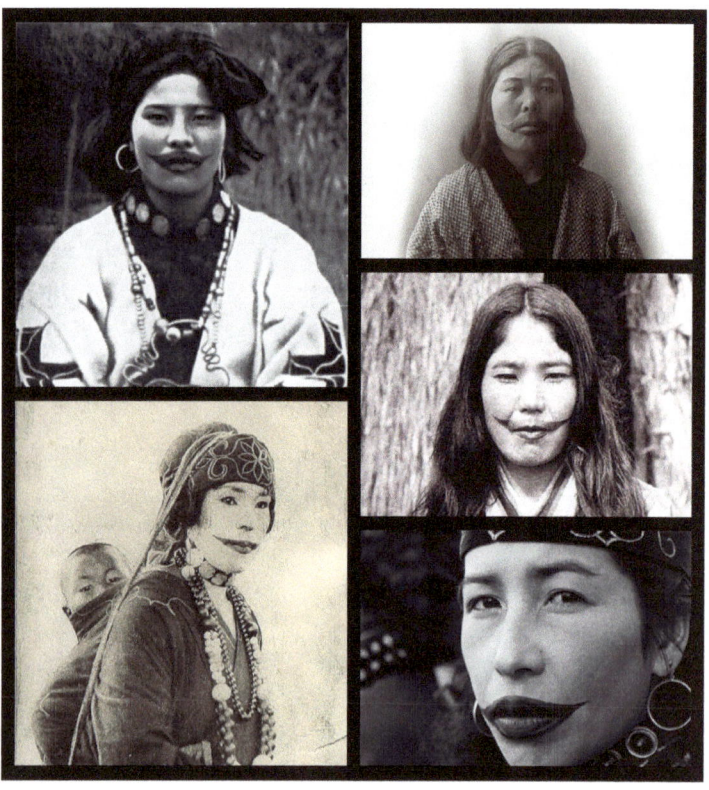

Comme vous avez pu le découvrir les japonais ont, de manière brutale et efficace, repoussé l'ensemble des traditions Aïnous qui étaient originellement présentes dans tout l'archipel du nord du Japon.

Elles ont lentement périclité, y compris la tradition du tatouage féminin, qui a été interdit à cette époque. Malgré toutes grâces à vouloir préserver leur culture, certains d'entre eux ont réussit à réhabiliter leurs traditions et leur culture, en obtenant une certaine reconnaissance mondiale de leur art en figurant dans les collections des musées dédiées aux Aïnous.

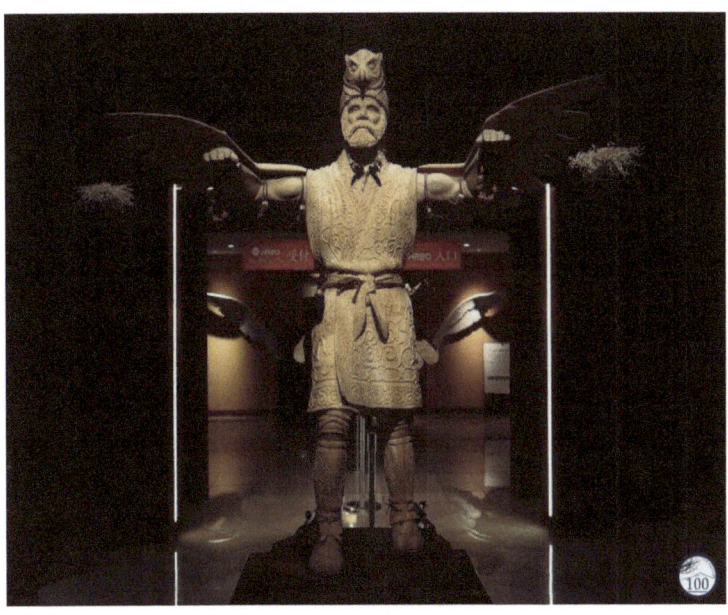

Sourires éternels

Le jour du mariage, le fiancé complétait le "motif des années passées" en reliant les point pour former un sourire. Le tatouage présent sur le visage d'une femme Aïnou indiquait son état-civil. En étudiant les motifs ornant ses lèvres, ses joues et ses paupières, on pouvait savoir si une femme était mariée, et combien d'enfants elle avait.

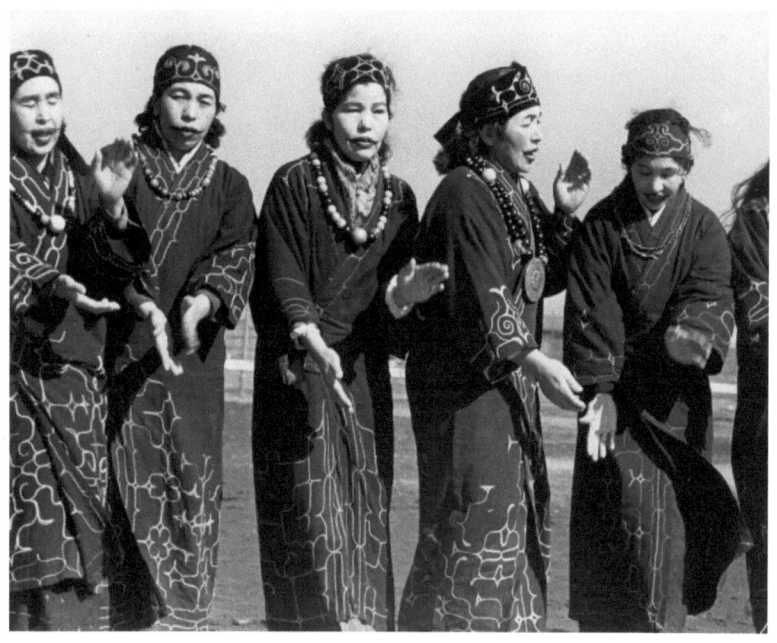

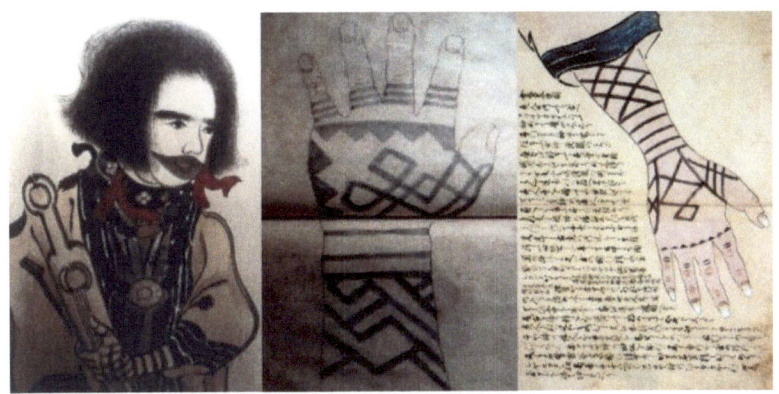
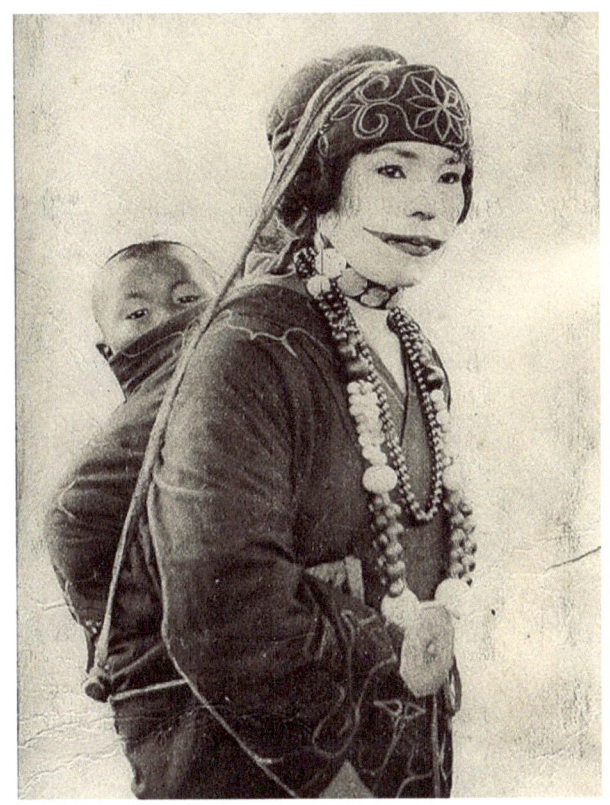

CONDAMNATION DU TATOUAGE A L'ERE EDO

L'art du tatouage a une longue et riche histoire au Japon. Si cette pratique est encore aujourd'hui associée à la criminalité et à la marginalité, cela s'explique par une raison historique qui remonte à la période Edo (1603-1868). À cette époque, les criminels étaient tatoués, un moyen de les identifier et de les punir. Cette pratique a été bannie à l'ère Meiji, mais la stigmatisation liée aux tatouages demeure.

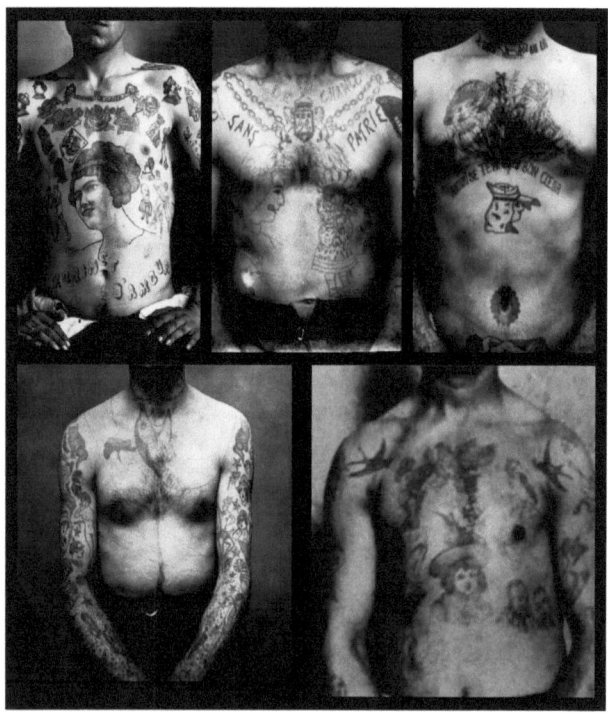

Les tatouages de la période Edo avaient une très forte signification, les meurtriers étaient condamnés à être tatoués sur le visage et sur le bras. Cette pratique, irezumi kei, ou la pénalité du tatouage, a remplacé les sanglantes décapitations et l'ablation des membres jusqu'alors pratiquées. Les tatouages sur le visage fonctionnaient par ailleurs selon trois étapes, et après chaque crime, l'auteur était marqué d'un symbole chinois (大), après quoi était prononcée la mort. Chaque région avait son propre symbole représentant à la fois le crime et le lieu, ce qui permettait d'identifier immédiatement les détails de l'acte commis. Tatouages de chiens à Hiroshima, lignes à Chikuzen, points à Takayama et croix à Hizen.

Si la manière de percevoir aujourd'hui les tatouages au Japon trouve son explication dans 5000 ans d'Histoire, les groupes criminels contemporains tels que les yakuza poursuivent cette pratique du tatouage, perpétuant son association avec la criminalité. Ceci amène nombre de personnes à penser que les tatouages sont illégaux au Japon, mais la loi interdisant les tatouages a été abolie en 1872.

Durant cette période marquée par de nombreuses guerres, les samouraïs se faisaient tatouer l'emblème de leur clan pour prouver leur appartenance à celui-ci, montrant ainsi leur fidélité à leur maître. Les tatouages permettaient aussi d'identifier le clan de chaque corps et de garantir aux guerriers une sépulture à côté de leurs ancêtres.

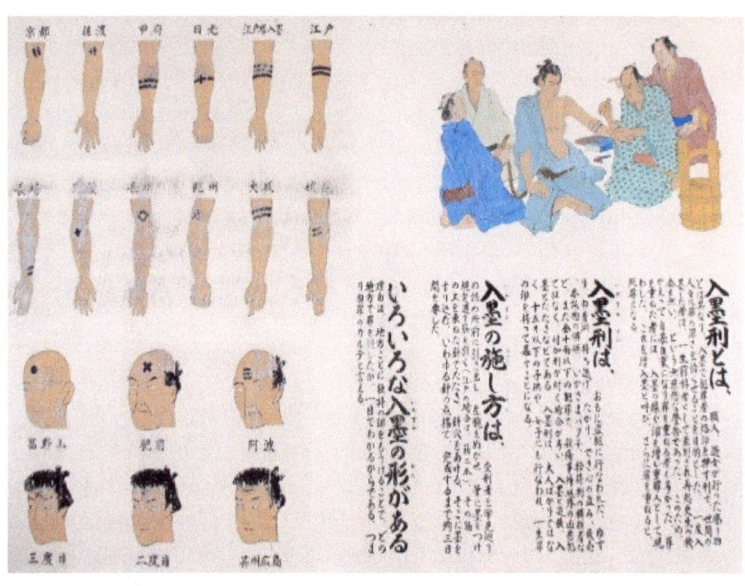

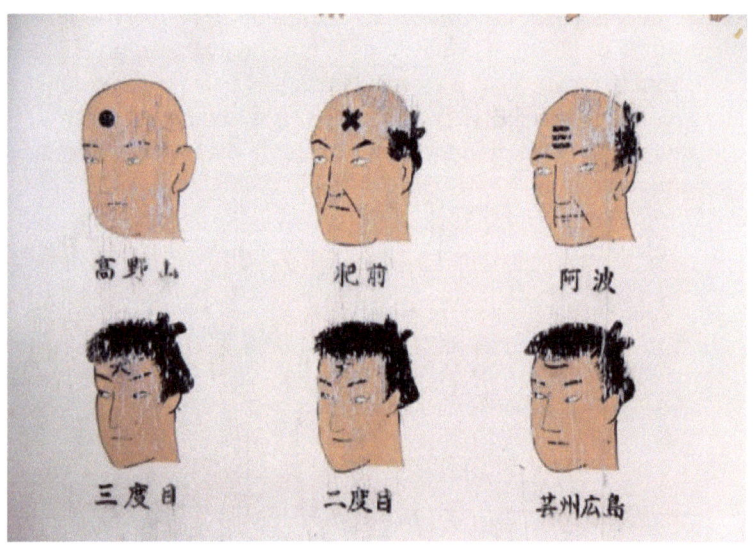

Les yakuza s'approprient vite cette symbolique et arborent des tatouages qui témoignent de leur appartenance à une famille mais aussi de leurs valeurs (courage, loyauté, honneur,...). Pour les yakuza, le tatouage est évolutif. Ainsi, tout au long de leur vie, leur tatouage gagnera en motifs et en couleurs et ceci en fonction des actes qu'ils auront effectués pour leur clan.

De nos jours, les plus jeunes yakuza vont préférer choisir des motifs occidentaux et laisser de côté les tatouages traditionnels afin de gagner en discrétion.

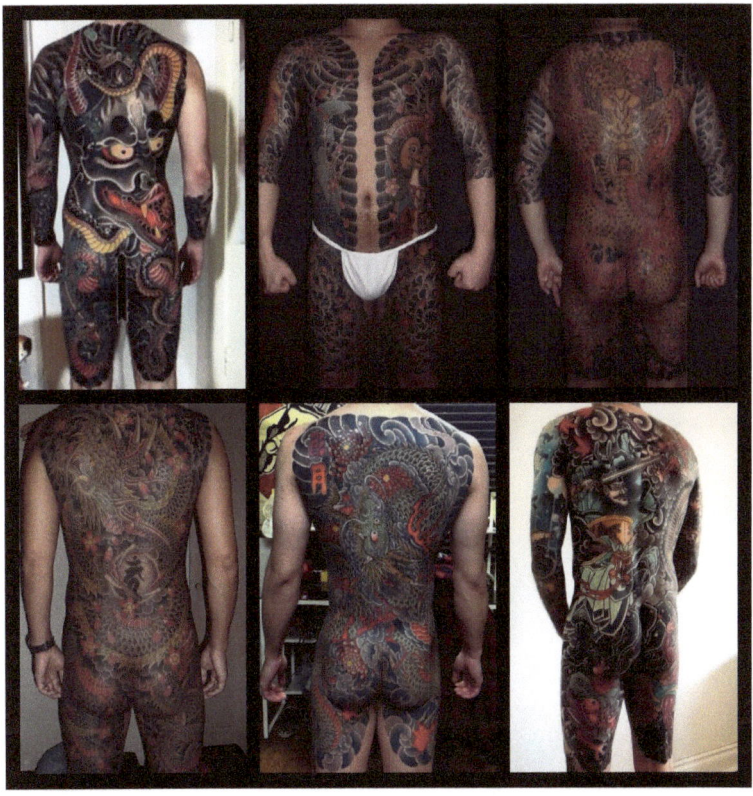

REHABILITATION PROGRESSIVE DANS LE MONDE MODERNE

Le tatouage a ceci de commun avec la pulsion de se situer à la limite du corps, c'est-à-dire à sa surface, sur la peau qui, source de jouissance, fait d'un bout de corps le lieu possible d'un fantasme. Le tatouage en tant que parure a une fonction érotique. Quelle que soit sa forme plus ou moins signifiante, en s'inscrivant sur la surface du corps, il le comble de sa parure. Il donne ainsi un attrait phallique à un bout de corps qu'il érotise. En se détachant comme figure sur la surface du corps, il se montre dans une monstration, un voilement/dévoilement. En apparaissant sur le corps comme figure qui s'en détache visuellement, il fait appel à la fonction scotopique : il se donne à voir, s'expose au regard.

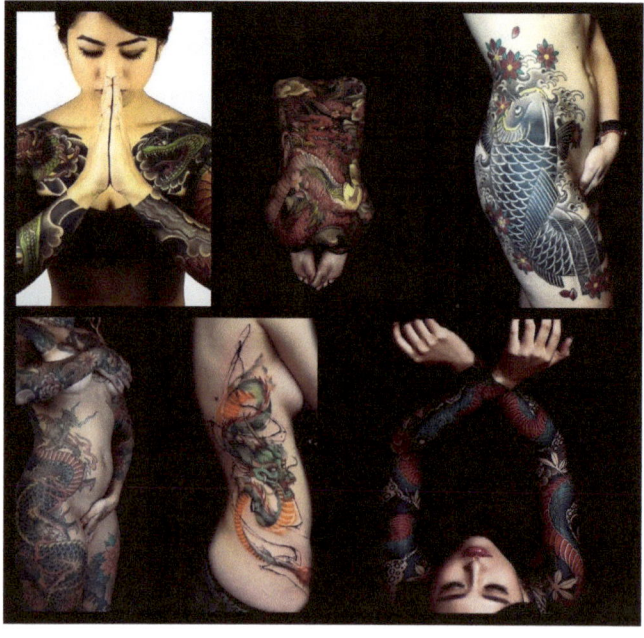

Il constitue ainsi une source de jouissance de l'œil sur la peau. La peau, comme enveloppe corporelle reflétée dans le miroir, est une source de jouissance particulièrement autour de ses découpes (bouche…) et de ses condensations (grains de beauté, taches, tatouages). Les gravures corporelles découpent la surface visible du corps en en faisant saillir les zones tatouées. Le tatouage, en gravant sur le corps une inscription érotique ou symbolique, lui donne un plus de consistance corporelle.
Il se trouve comme à l'envers de l'hystérie qui, par le symptôme de conversion, détourne le corps comme site somatique, de sa consistance charnelle. Ce que le sujet hystérique abhorre, c'est le corps comme chair, comme matière corporelle animale brute, charnelle. Le tatouage, au contraire accentue cette dimension du corps en gravant un symbole, un fantasme qui l'érotise.

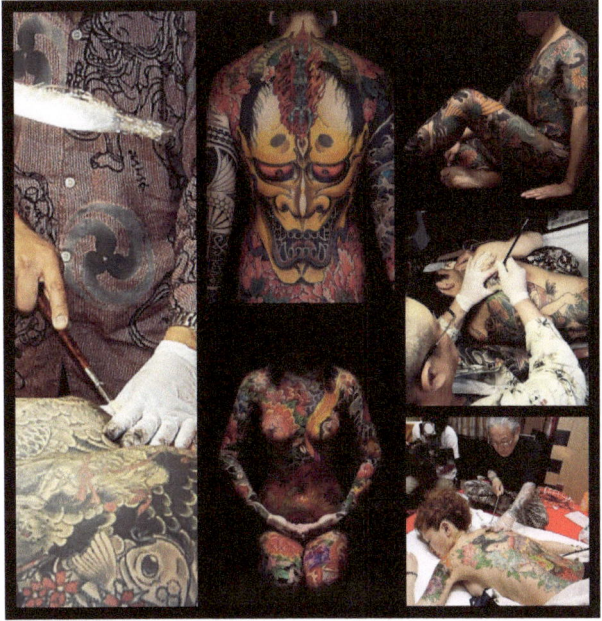

Dans son histoire un tatouage a eu pour fonction d'élever un bout de corps a niveau d'une inscription subjectivante. Dans cette perspective, l'accent est mis sur le tatouage comme tentative d'élever un bout de corps au rang de signifiant. La gravure sur le corps comme incorporation d'un trait pourrait permettre d'identifier un sujet.

Le tatouage moderne s'inscrit dans ces recours identitaires. Il s'inscrit aussi dans un contexte où la part du voir est exacerbée. La version moderne du tatouage peut se saisir comme une sorte de fabrique de soi. Le corps tatoué, le corps gravé devient objet de sa propre construction. Cette œuvre de soi, aussi discutable soit-elle sur le plan artistique, correspond au culte moderne de l'affichage de soi dans le cadre d'une société du spectacle. Elle indique aussi le désir d'un corps décoré, marqué, allant à l'encontre d'un corps imaginairement dépris de soi.

Se faire tatouer serait une forme d'appropriation imaginaire du corps. Il y a quelque chose de paradoxal entre le fait que le tatouage procède d'un certain narcissisme en tant que culte ou culture du corps et le fait que cette pratique soit un retour de l'exclu. En cela, elle prend place dans l'énorme déploiement et le flot ininterrompu d'images télévisuelles et photographiques qui caractérise notre époque.

Cette profusion n'entraîne pas forcément une fragilité de la construction symbolique des images. Cependant elle modifie l'équilibre des enjeux entre les deux opérateurs structuraux que sont le voir et l'entendre.

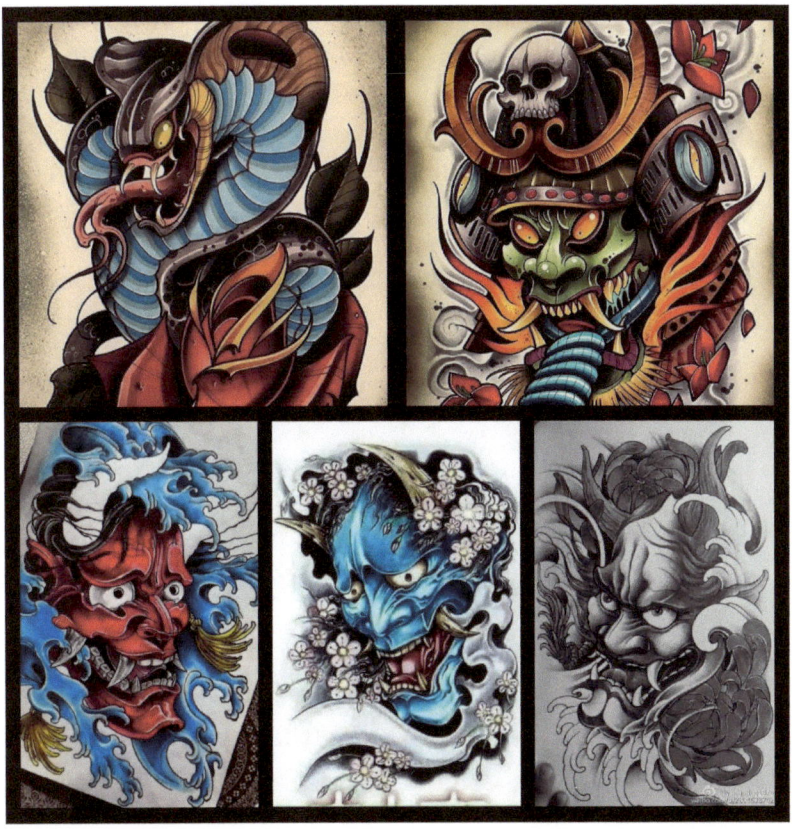

Le sujet se reconnaît comme unité par l'assomption visuelle de la forme de son corps. Mais cette reconnaissance peut ne pas passer uniquement par l'identification imaginaire à du semblable, sinon à en être capturé ou captif. D'où la nécessité structurale d'une identification symbolique à de l'hétérogène dont la voix peut constituer un paradigme par différence avec le regard. Toute sa vie, le sujet reste empreint de cette première identification spéculaire pour y revenir et s'en séparer.

Dans cet esprit, je ferais l'hypothèse que marquer, graver son corps, le tatouer est un geste de reconquête spéculaire, de fabrique de soi. Le rajout d'une image, d'un ornement du corps pourrait en venir à faire identification symbolique au même titre que la voix de la mère, nommant l'enfant, devant le miroir. C'est en ce sens que l'on peut parler de fabrique de soi.

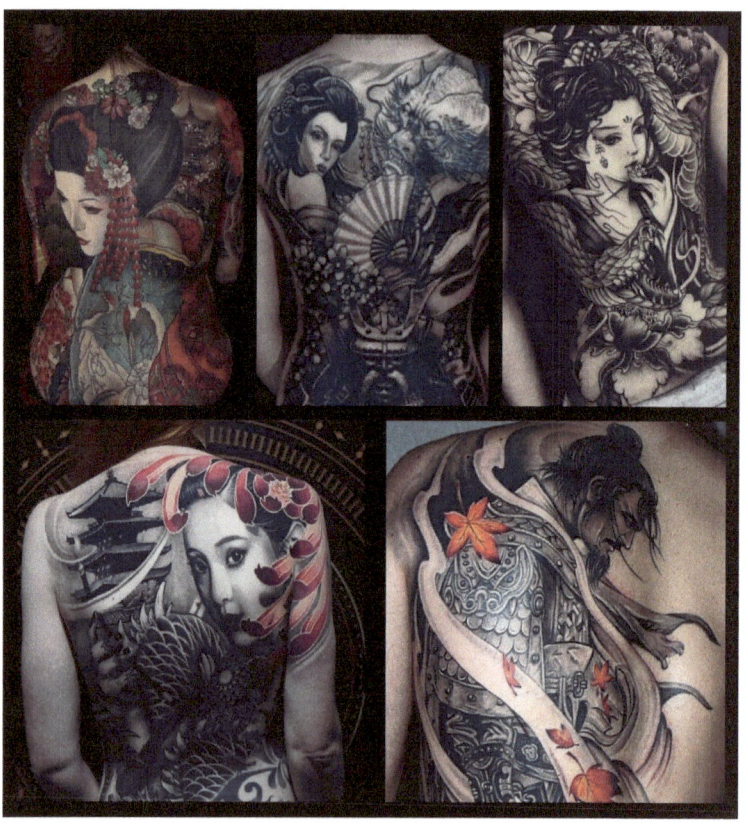

Le geste de se faire tatouer n'est pas en tant que tel un symptôme. Mais le fait qu'il soit devenu une pratique prisée ces dernières années l'inscrit de façon privilégiée dans les discours sociaux et leurs incidences subjectives. Ce qui tisse le refoulement, c'est le jeu entre ce qui est audible, visible ou plutôt inaudible ou invisible dans une société donnée. Cet inaudible ou cet invisible s'inscrivent en arrière-fond d'un discours à partir duquel chaque sujet se détache avec sa configuration signifiante particulière. Le tatouage, comme pratique du corps, s'inscrit dans un contexte tissé par les prescriptions ou les proscriptions d'un discours sur le corps. C'est à cet endroit qu'il peut prêter sa forme au symptôme avec, dans chaque cas, les contours singuliers de l'histoire subjective de chacun.

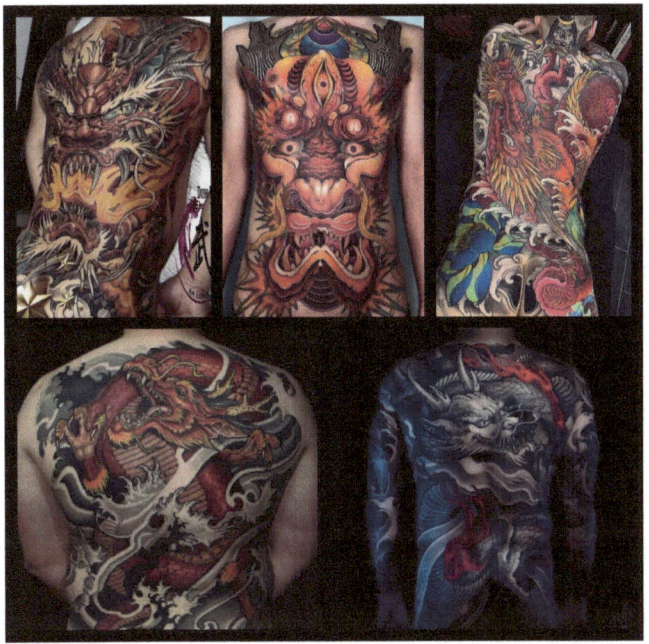

REALISATION

La technique traditionnelle du tatouage japonais se nomme « Tebori » qui signifie littéralement « gravé à la main ». Cette technique consiste à recouvrir une partie ou la totalité du corps, sans laisser (ou presque) de partie de peau vierge.

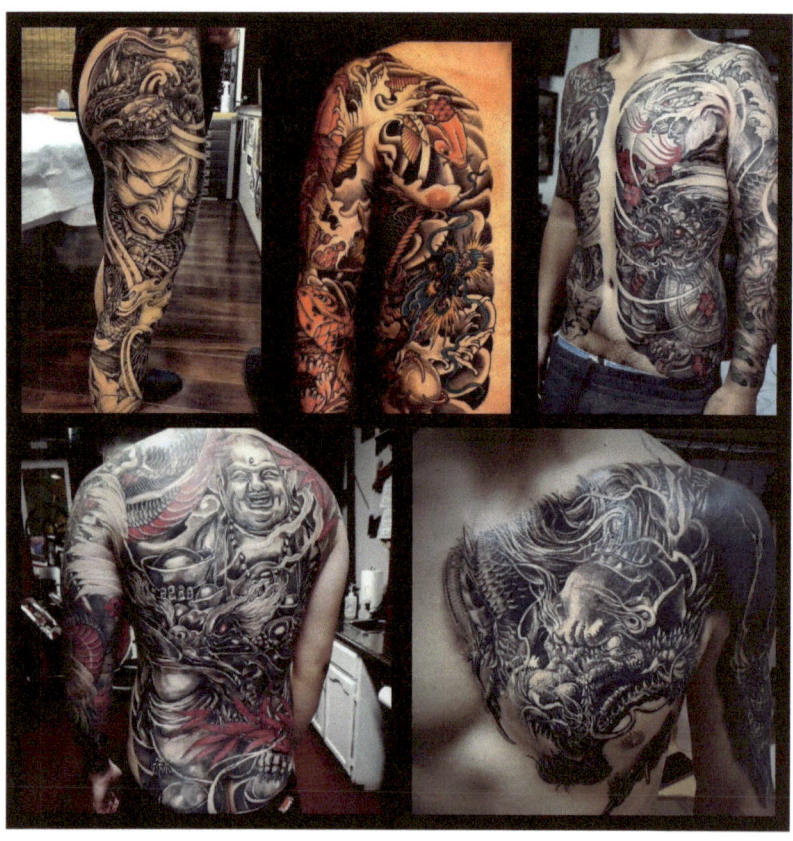

Elle se pratique avec un manche de bambou sur lequel sont fixées des aiguilles dont la taille dépend de la dimension du tatouage. Aujourd'hui, le manche en bambou est remplacé par un manche en métal et les aiguilles sont devenues détachables afin qu'elles puissent être à usage unique et permettre une stérilisation plus facile.

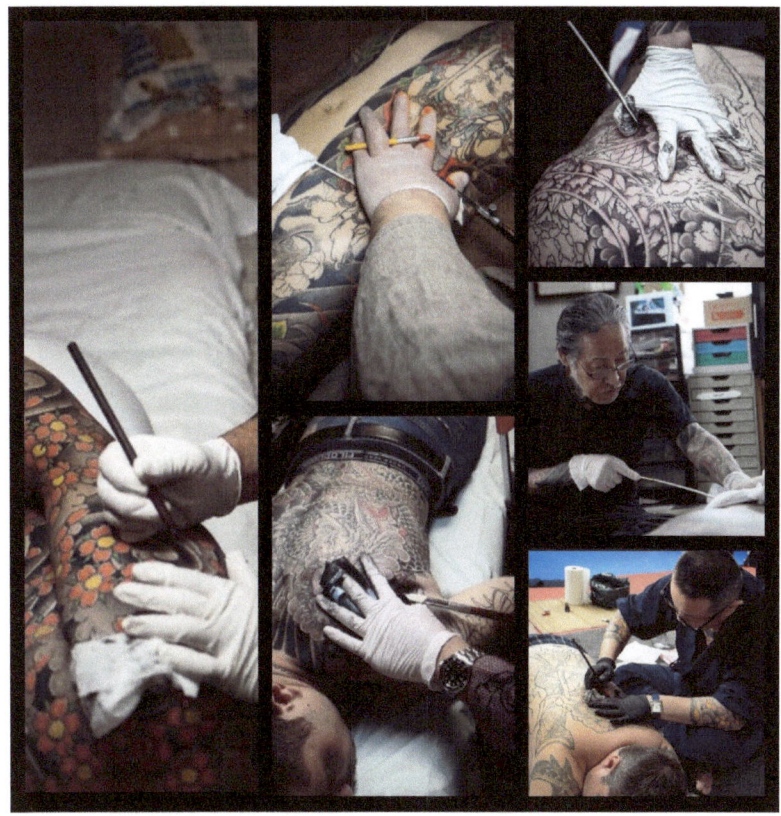

L'encre utilisée , d'origine naturelle, est composée principalement d'encre de charbon et d'autres pigments en fonction de la couleur souhaitée.

Le Tebori est une technique longue qui peut prendre des mois, voire des années à réaliser, mais beaucoup de tatoueurs la privilégient car la considèrent moins dangereuse pour la santé : on y recourt qu'à des matériaux naturels et il semblerait que le tatouage vieillirait mieux.

L'apprentissage du Tebori peut durer plusieurs années. Afin de maîtriser cette technique, les apprentis tatoueurs doivent suivre un « maître du tatouage » qui leur apprend toutes les techniques et les différents types d'encres à connaître, mais aussi leur inculque la manière de dessiner toutes les formes significatives du tatouage traditionnel japonais (formes qui peuvent être complexes et qui demandent énormément d'entraînement). La formation du Tebori se termine seulement lorsque le « maître » décide que l'apprenti est prêt à exercer son métier seul.

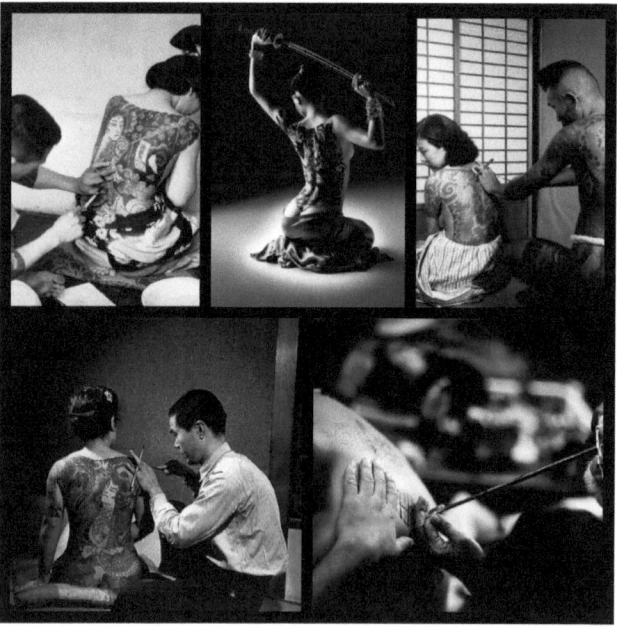

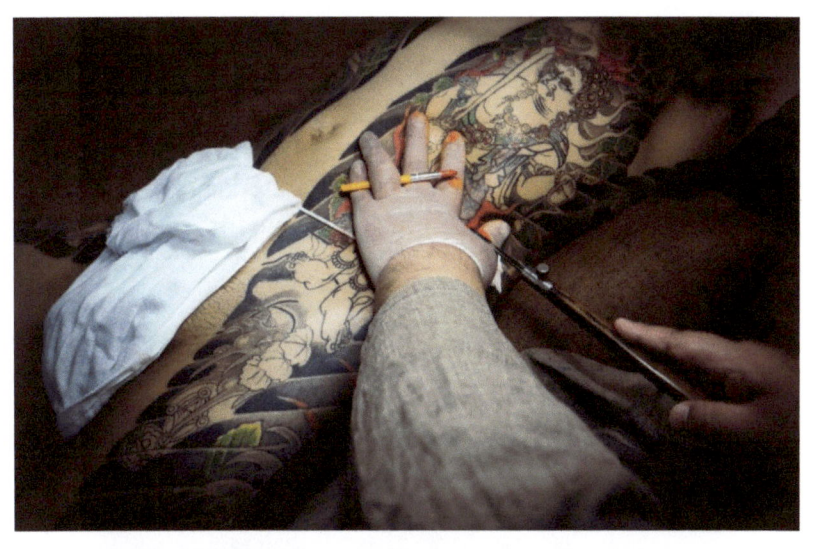

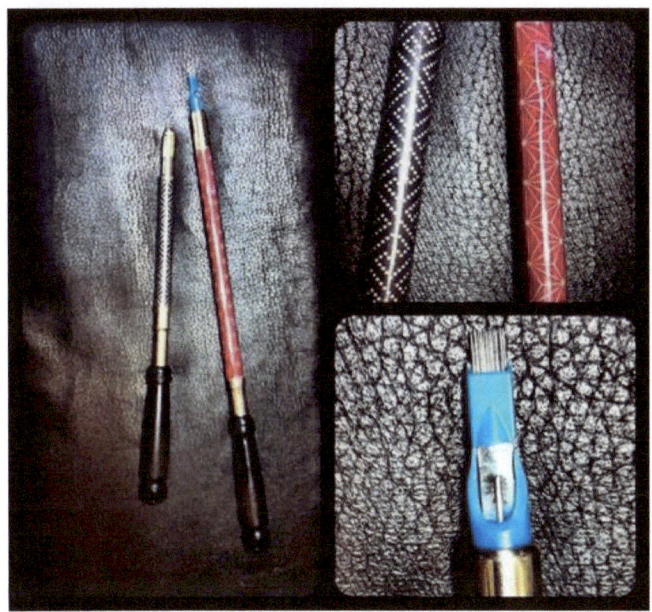

Malgré certains changements dans le procédé, dont la stérilisation des outils, ou l'utilisation d'une machine à tatouer électrique pour compléter certaines des lignes de leurs tatouages, les rituels de base, les méthodes et les dessins d'Irezumi sont restés inchangés depuis des siècles. C'est un milieu très fermé, préservant la tradition et de la préservation de l'Irezumi comme forme d'art, au même titre que l'Ikebana (Arrangement floral) ou le rituel du Chanoyu (Cérémonie du thé).

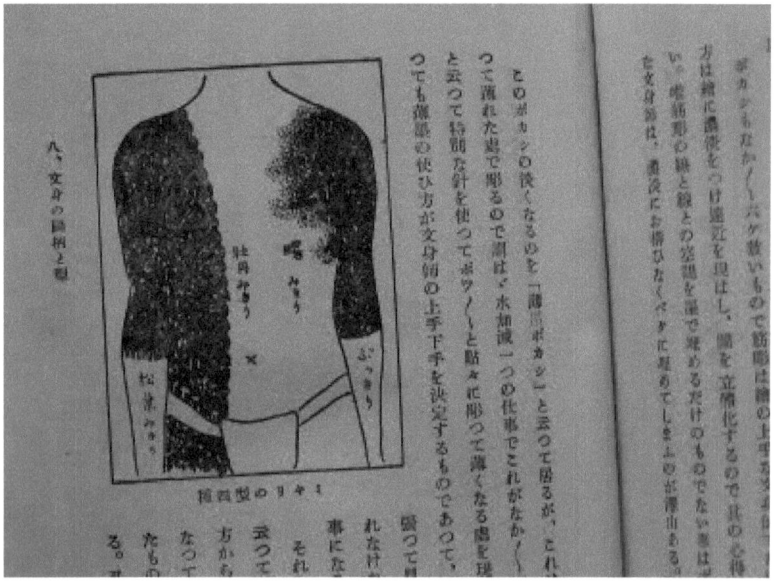

Un artiste tatoueur traditionnel se forme pendant plusieurs années auprès d'un Maître. Il (Car ce sont presque exclusivement des hommes) vivra parfois dans la maison de son Maître. Il peut passer des années à nettoyer le studio, observer, pratiquer sur sa propre chair, fabriquant les aiguilles et autres instruments requis, mélangeant les encres et copiant méticuleusement les motifs faisant partie du book de son Maître, avant qu'il ne soit autorisé à tatouer les clients. Il doit maîtriser toutes les techniques complexes requises pour répondre aux demandes de ses futurs clients.

Dans la plupart des cas, son maître lui donnera un nom de tatoueur, comprenant le plus souvent le mot "Hori" (Graver) et une syllabe dérivant du propre nom du Maître ou un autre mot significatif. Dans quelques cas, l'apprenti prendra le nom du Maître.

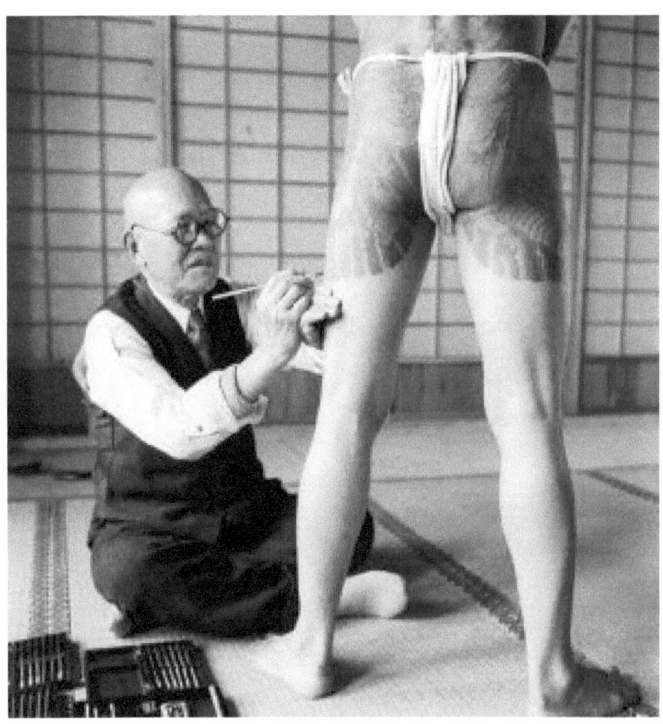

SYMBOLISME

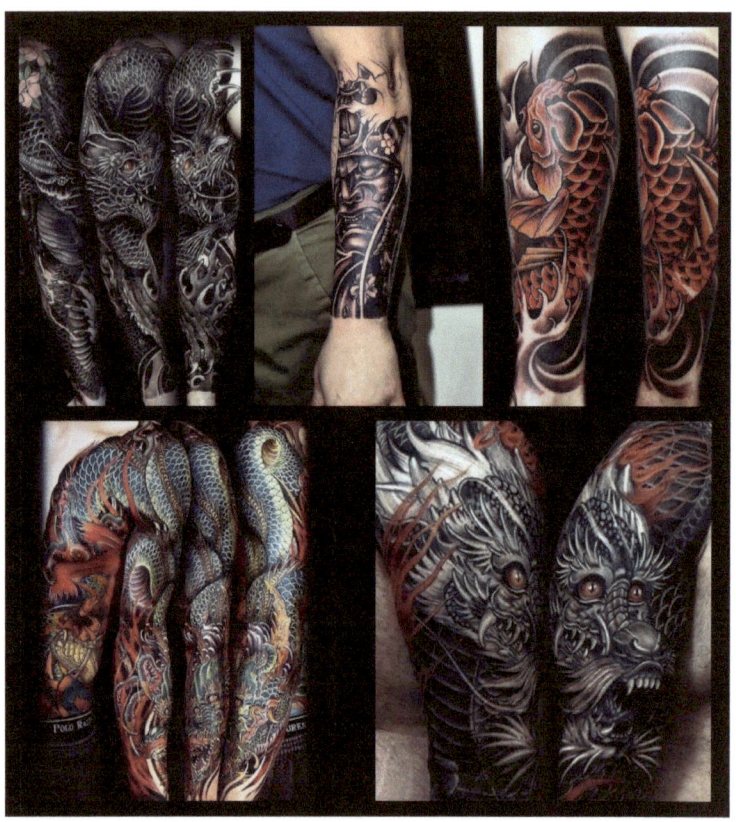

Des images sont présentes de manière récurrente dans les tatouages traditionnels japonais, et ont une signification particulière. Souvent, ils présentent des qualités ou des défauts, soit possédés, soit souhaités.

On peut faire un parallèle avec l'iconographie occidentale, où l'aigle, une figure de tatouage populaire, symbolise la bravoure ou la noblesse, ou encore le cœur, symbole de fidélité et d'honnêteté. Au Japon, les irezumi se contentent de représentations de faune ou de flore, de motifs religieux, de héros et de figures folkloriques.

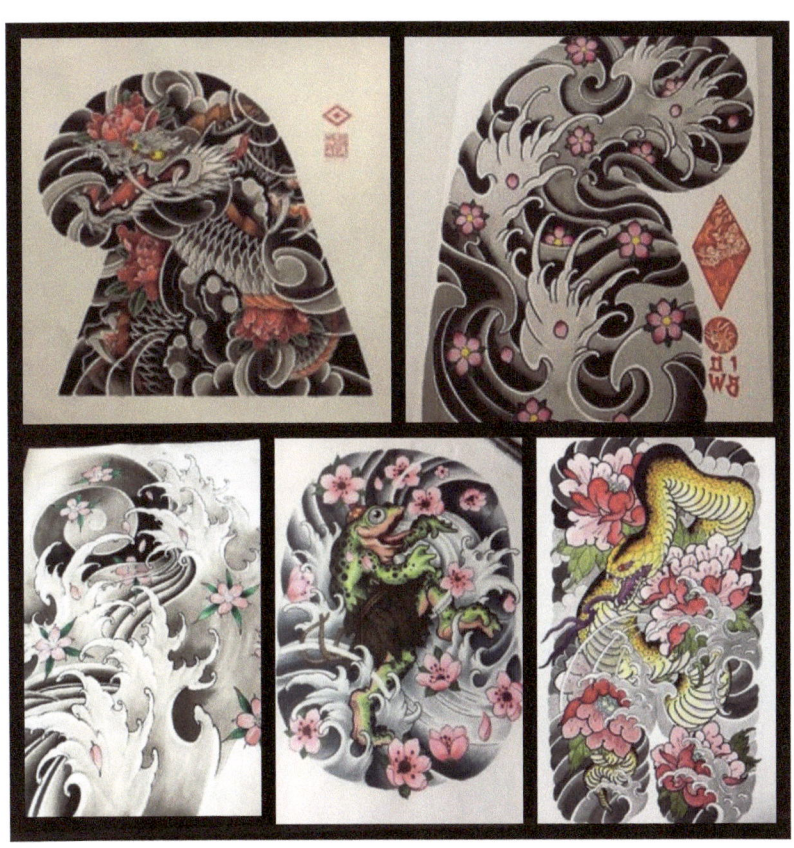

Tous les tatouages renvoient à une signification. Habituellement les symboles représentent des qualités (le bien ou le mal), soit acquises soit désirées. En Occident, par exemple, l'une des images les plus populaires a été l'aigle, à cause de ses qualités de courage et de noblesse…

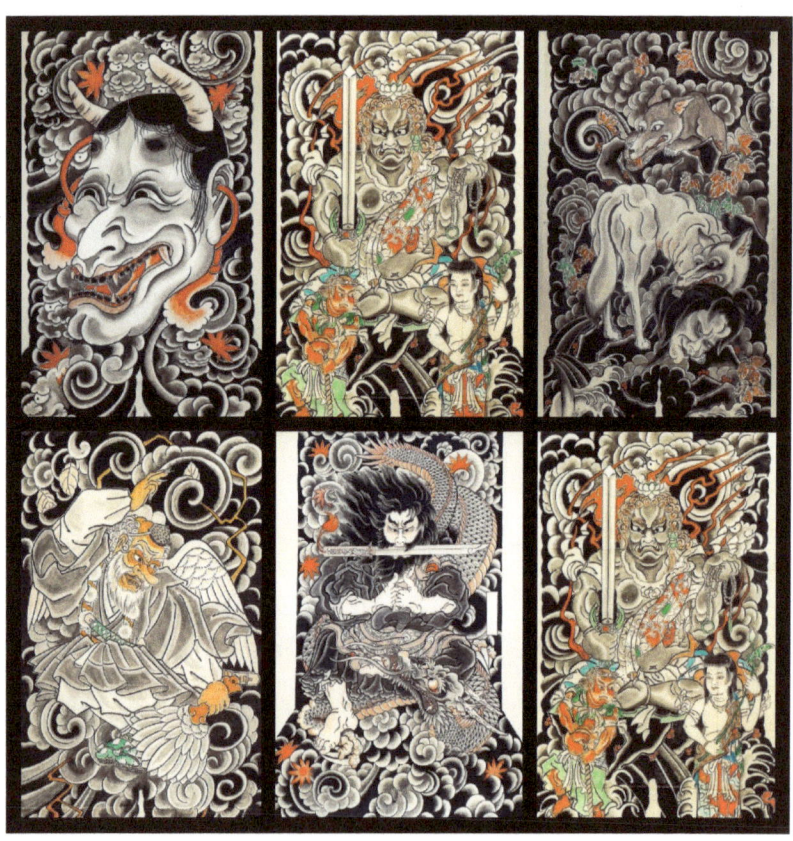

Une autre est celle du coeur, symbole de fidélité, d'honêteté, etc. Au Japon aussi, le tatouage symbolise ces types de qualités. Le tatouage japonais classique se limite aux diverses faunes et flores, aux motifs religieux et à la représentation des héros et de personnages populaires.

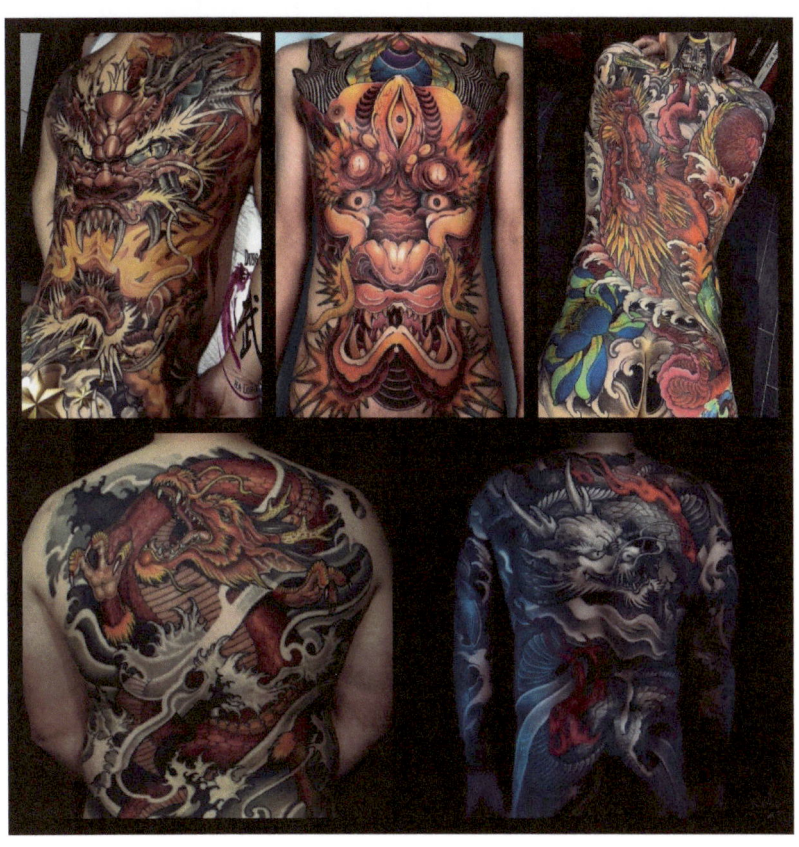

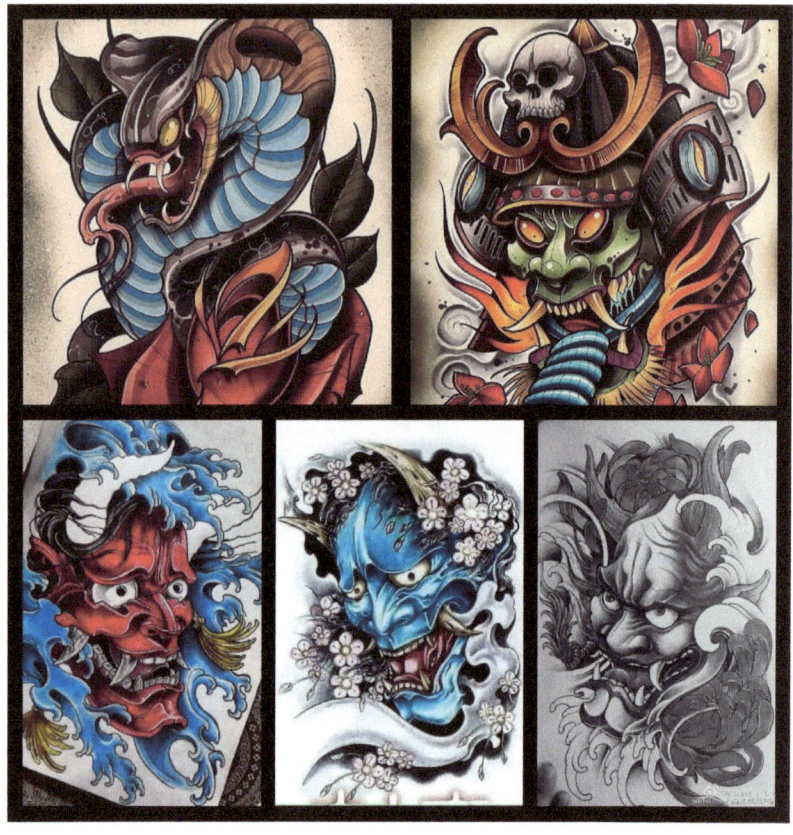

Le tatouage peut être considéré comme un moyen de décoration créé par un procédé agissant sur le corps humain, un procédé qui laisse une marque indélébile sur la peau. La souffrance qu'elle occasionne est franchement intolérable : pourtant cela ne fait rien aux intéressés.

Le tatouage peut témoigner de sa foi religieuse, servir d'auto affirmation, valoir comme symbole de pouvoir ou de puissance, ou encore d'érotisme ou de séduction.

Le tatouage s'est développé en un monde artistique qui transcende une décoration purement physique, une activité qui représente une violation du corps humain, créé par Dieu et la nature, une activité au potentiel d'une infinie combinaison de lumière et d'ombre…

www.ingramcontent.com/pod-product-compliance
Lightning Source LLC
Chambersburg PA
CBHW040231220526
45473CB00001B/201